Windy Moors

15.

Alessandranna D'Auria

CHARLOTTE BRONTË

IL DIARIO DI ROE HEAD
1831-1838

flower-ed

Charlotte Brontë. Il diario di Roe Head 1831-1838
di Alessandranna D'Auria

© 2018 flower-ed, Roma

I edizione *Windy Moors* gennaio 2018

ISBN 978-88-85628-21-2

www.flower-ed.it

Il cuore è tutto di me.
È la "stanza segreta"
Che custodisce la mia identità
Dove sono veramente me stesso
E dove si svolge
La mia vera storia.

M. Alessandra Macajone
Ordine di S. Agostino

INTRODUZIONE

Mi piace parlare di letteratura con un linguaggio diverso. Mi piace entrare nella testa del protagonista, viverlo, sentirlo. Mi piace la libertà di espressione e arrivare al lettore nel modo più diretto e quotidiano possibile. A lui auguro di sentirsi in sintonia con queste pagine. Tutti abbiamo un diario nel cuore, nella testa, nelle mani che non scrivono e, anche se non lo rendiamo a parole, resta parte di noi, la parte migliore.

Diario, caro diario, anzi, Caro Diario, maiuscolo perché ti si deve un certo rispetto. Dicevo... Caro Diario, a centosettanta anni dall'uscita di *Jane Eyre*, si doveva celebrare in modo speciale uno dei romanzi più famosi al mondo, perciò abbiamo creato *Il Diario di Jane Eyre* (flower-ed 2017). L'abbiamo creato con le parole dell'autrice, con una nuova traduzione il più possibile fedele all'originale. Questo è uno dei nostri "marchi", vogliamo rispettare al massimo la linguistica originale degli autori che affrontiamo. Per questo a volte si rende necessario consultare più teste pensanti. Quella di Riccardo Mainetti è stata come sempre pronta ed entusiasta ad affiancarmi. *Il diario di Jane Eyre* deve introdurci a quest'opera. Quel diario è da riempire. Oggi, lettore, tra le mani ne hai uno da leggere.

Nelle ore solitarie di Roe Head, la scuola in cui studiò, la scuola in cui insegnò, Charlotte Brontë tenne dei fogli slegati conosciuti oggi come *Roe Head Journal*. Si tratta in tutto e per tutto di un testo legato ad *Angria*, il ciclo narrativo dell'adolescenza Brontë[1]. Ne fa parte, eppure, a considerarlo meglio, è dotato di un'indipendenza caratterizzata dal modo in cui nacque: doveva essere il Caro Diario. Doveva.

Così come fu scritto, sembra un *journal* e non un *diary*, è giornale di appunti, non diario di confessioni, non totalmente. Per questo oggi lo proponiamo come un evento a sé, libero dalla narrazione sequenziale angriana – pur ricordandola, pur avendola come base, come scopo – tuttavia senza trama. Questo diario non svela reconditi segreti, imprime con immagini che sembrano fotografie, attimi di fantasia indotta, cosciente e visionaria, immagini che la memoria non deve dimenticare, che la ragione deve elaborare e che a casa, a Haworth, deve raccontare.

Quel *journal-diary* ve lo spieghiamo oggi, traducendolo per la prima volta integralmente in italiano, iniziando raccontandovi che…

---

[1] *Angria* è il nome che convenzionalmente gli studiosi moderni usano per indicare la mole di scritti giovanili (juvenilia) di Branwell e Charlotte.

I.

La perla nascosta nella conchiglia, spesso diffonde una luce più limpida[2]

Cominciò tutto in un villaggio col nome da fiaba irlandese, Drumballyrony-cum-Drumgooland, dove un uomo che la storia non ha proprio considerato si diceva essere un poeta. Il suo nome era Padraig O'Pronntaigh. All'altro capo di Albione[3], sulle coste di una cittadina dal sapore salgariano, veleggiava un pirata di nome John Bromwell. Il destino ha voluto incrociare i discendenti di un poeta e di un pirata, nelle persone di Patrick da Emdale e Maria da Penzance, dando così vita alla famiglia Brontë e lo diciamo così, in senso stretto, che i Brontë nacquero proprio da quell'incontro. Quella coppia, sposandosi, avrebbe dovuto chiamarsi O'Prunty, Branty, Brunty. Quante teorie ci sono sulla variazione del nome originale? Addirittura che il nasale irlandese agli inglesi puri suonasse Branty e si scrivesse Brunty... La sua mutazione dal sapore italiano – omaggio alla splendida terra di Sicilia che il caso e sempre lui, altresì detto destino, ha voluto insinuare tra le fissazioni del giovane rosso Patrick – ha portato ai tempi dell'università, o forse

---

[2] Versi della poesia *Song*, 11 dicembre 1830, scritta prima di partire per Roe Head.
[3] Nel mito romano, Albione era figlio di Nettuno, legato al mito di Ercole. La leggenda vuole che arrivasse in terra inglese a cui diede il nome.

poco dopo, alla variazione del nome. Ne uscì una fortunata coincidenza storico-onomastica, con una forma che agli inglesi proprio non andava giù, con quella dieresi italianizzante che in italiano nemmeno esiste.

E mettiamocela quella dieresi, escogitò il giovane studente irlandese e poi vediamo...[4]

"Saucy Pat", così lo chiamava la frizzante Maria nelle lettere pre-fidanzamento/corteggiamento, era un tipino energico come la sua fidanzata *cornish*[5]. Si sposarono per amore e questo all'epoca era una gran conquista per entrambe le parti. Come spesso accadeva, si incontrarono a casa di parenti di lei, amici di lui.

Da Patrick che scriveva e da Maria che scriveva (pubblicati entrambi)[6], nacque una progenie ovviamente scrittrice, tanto famosa quanto avvezza alle asperità della vita.

Non vi racconterò di una signorina altolocata che scriveva per passare il tempo. Vi racconterò di una signorina perbene ma quasi povera che scriveva per reagire alla vita. Si chiamava Charlotte, la minuscola Genii Tallii, che trovò se stessa nel momento della difficoltà peggiore e che divenne per i lettori di ogni tempo e per l'eternità madre di *Jane Eyre*.

Come luce di una fiammella in un buio sconfinato, mossa dalla brezza costante della brughiera, metafora della sua coerenza, Charlotte fu prima di tutto autrice dei suoi sogni. Li costruì, nel vero senso della parola, evento dopo

---

[4] L'ammirazione di Patrick nei confronti dell'Ammiraglio Horatio Nelson portò alla variazione del nome quando Nelson fu insignito del titolo di duca di Bronte, cittadina del Regno delle Due Sicilie.

[5] *Cornish*, della Cornovaglia, ove nacque Maria.

[6] Patrick scrisse numerosi articoli a tema religioso e politico per le riviste del tempo, oltre a un romanzo *The maid of Killarney*, mentre Maria fu autrice di una serie di articoli religiosi, di cui il più famoso è *The Advantages of Poverty in Religious Concerns*.

evento. Detestava il giorno e agognava alla notte, per sognare vigile, per sognare libera. Sognava, immaginava, fantasticava, quanti bellissimi sinonimi possiamo usare per figurarcela mentre camminava verso l'ufficio postale a spedire il suo destino. Disegnava e vedeva gli uomini delle sue storie dannate, scriveva e dava vita a gentildonne sfrenate, paesi africani, maledetti italiani, focosi indiani, vedeva tutto quello che voleva essere fino in fondo, lei che camminava al confine tra fantasia e realtà. Dove la realtà desiderava che fosse la sua fantasia. E poi smise. Smise di sognare da signora, da sposata, ma questo ve lo racconteremo un'altra volta.

Fantasia. Compagna che non tradisce. Le dirige il passo, la conduce lontano, in Africa, in India, sulle rive dell'Arno un po' toscano un po' angriano, in terre di sole e d'amore e quando la vita le impediva di sognare, ecco la sofferenza. Questa è la Charlotte che incontrerete tra poco, in pagine di diario, di poesia, di lettere. Non lei che si racconta, ma il racconto di se stessa tramite le sue visioni. Scrivere era la medicina all'amara vita, condivisa con le sorelle Emily e Anne, col fratello Branwell. Una medicina che salvò solo lei, per poco tempo. L'anima si curava, il fisico si ammalava.

Ogni volta che individuiamo un malessere, dobbiamo risalire alla fonte che lo genera. Per la nostra bimba della brughiera tutto ebbe inizio un giorno a Cowan Bridge. Malsana scuola, scuola solo di nome, anticamera alla tomba, fondata dal peggior bigotto ecclesiastico sulla piazza, il Reverendo Carus Wilson. Costui pensava di fare un favore ai reverendi indigenti, aprendo una scuola a basso costo per i loro figli. Più che altro aprì le porte ai becchini. Quella scuola era il male, il male fisico e che corrodeva anche l'animo, il male che Charlotte da grande racconterà nella Lowood di *Jane Eyre*. Senza pietà. La gente doveva sapere.

Il Reverendo Patrick vi mandò le figlie. Non si salvarono le maggiori, Maria ed Elizabeth, bimbe intellettualmente più dotate delle coetanee. Se fossero sopravvissute forse oggi avremmo avuto altre due grandi scrittrici.

Charlotte ed Emily tornarono a casa in tempo per non morire, ma a scuola si doveva andare, quindi il Reverendo Patrick fece appello a tutte le sue conoscenze.

Il 23 settembre 1829 Charlotte scrisse la sua prima lettera, così almeno sembra da una nota del padre (forse a uso di Elizabeth Gaskell che un giorno non lontano scriverà la biografia di Charlotte). La piccola tredicenne non poteva immaginare che quella lettera rappresentava il primo passo verso quella pratica epistolare che la fece confessare alle amiche. L'epistolario, più dei suoi romanzi qua e là autobiografici, è la sua confessione intima. Non sapeva che in futuro sarebbe diventato materia di studio.

Erano trascorsi già quattro anni dalla "fuga" da Cowan Bridge, erano stati vissuti già i primi due funerali, tre, se contiamo quello della signora Brontë. Quattro anni in cui il Reverendo Patrick si era caricato dell'istruzione basilare dei figli. E che istruzione! Quei piccoli Genii erano geni davvero: sapevano fare politica come un vero politico, conoscevano i testi sacri come un religioso di professione, padroneggiavano il dialetto irlandese del padre, le sfumature *cornish* della zia, l'idioma dello Yorkshire della governante, elementi di francese per darsi un tono modaiolo, linguaggio da carta stampata perché erano entusiasti divoratori del *Blackwood's Magazine*. D'altronde non poteva essere diversamente visto l'ambiente domestico-culturale in cui vivevano: chi li formava come se dovessero candidarsi alle Camere e chi li formava con le leggende di fate, folletti e tutto l'armamentario fantastico della tradizione orale locale e non.

Ma riprendiamo un attimo la letterina della figlioletta al papà, figlioletta in "gita" dai parenti, per respirare aria diversa da quella delle tombe che campeggiavano nel panorama della Canonica di Haworth. Letterina che ci dice come scriveva la ragazzina tredicenne. Piccola, precisetta, delicata e compita.

Parsonage House, Crosstone,
23 settembre 1829[7]

Mio caro Papà,
per richiesta della zia scrivo queste righe per informarti che "se tutto andrà bene" saremo a casa venerdì dopo cena, quando speriamo di trovarti in buona salute. Per colpa del cattivo tempo non siamo stati molto all'aria aperta ma, nonostante tutto, abbiamo trascorso il nostro tempo molto piacevolmente, tra letture, lavoro[8] *e lezioni che lo Zio Fennell è stato così gentile da darci ogni giorno. Branwell ha fatto due schizzi dal vero, ed Emily, Anne e io abbiamo fatto degli schizzi di panorami dei laghi che il signor Fennell ha portato con sé nel Westmoreland. Intende tenerli tutti. Il signor Fennell è dispiaciuto di non poterci accompagnare a Haworth venerdì, per mancanza di spazio*[9]*, ma spera di avere il piacere di vederti presto. Tutti si uniscono nell'inviarti i loro rispetti tramite la tua affezionata figlia*

Charlotte Brontë

---

[7] T.J. Wise-J. A. Symington, *The Brontës: their lives, friendships and correspondence*, Oxford Blackwell, 1933, n. 16 (T.d.A.)
[8] Si intende lavori di cucito, nei quali Charlotte aveva un talento particolare.
[9] Intende per mancanza di spazio sulla carrozza. A quell'epoca c'erano vari tipi di mezzi: quelli che conducevano a Haworth spesso erano carrozze a due ruote, scoperte e con poco spazio (massimo tre/quattro persone più i bagagli e il vetturino).

Charlotte ebbe il compito di scrivere la letterina a nome dei fratelli minori: ormai era diventata la sorella maggiore dopo la morte di Maria ed Elizabeth. Non immaginava che tra una gita e un parente, il padre stava vagliando tutte le possibilità, più economiche ma non meno dignitose e sicuramente migliori delle precedenti, per istruire le figlie. Le figlie. Al figlio ci avrebbe pensato lui ancora per un po'.

Nei dintorni di Mirfield, a mezzo miglio dalla precedente parrocchia di Hartshead, nella valle del fiume Calder, ove il Reverendo Patrick aveva tenuto servizio, un edificio in pietra grigia, con un frontone scolpito sull'ingresso, dal 1830 era dimora di cinque signorine: Margaret, Catherine, Susan, Marianne ed Eliza Wooler.

Ecco come la descrive Elizabeth Gaskell:

"(…) *una gaia e vasta casa di campagna che sorgeva un po' appartata in mezzo a un campo, sulla destra della strada che conduce da Leeds a Huddersfield. Le finestre all'antica formano due ordini di loggette molto sporgenti che, risalendo dal pianterreno fin sotto il tetto di Roe Head, si aprono sulla lunga china erbosa di un pascolo che scende fino ai bei boschi del parco di Kirklees, residenza di Sir George Armitage. (…) È l'ambiente preferito dei monaci e, infatti, vi si incontrano ogni dove i resti architettonici dell'antichissimo tempo dei Plantageneti a fianco degli edifici sorti dalla speculazione manifatturiera nell'odierno West Riding"* [10]

[10] E. Gaskell, *La vita di Charlotte Brontë*, Castelvecchi, Roma 2015, p. 79.

Area centrale dello Yorkshire, luoghi di Roe Head.

Insomma, un posto affascinante, col Sir, il verde e l'archeologia medievale… un posto da romanzo:

"(…) *nel profondo del bosco va sbriciolandosi poco a poco una pietra, sotto la quale dicono giaccia Robin Hood*"[11]

E dentro? Com'erano le stanze di questa villa? Ce le descrive Winifred Gérin:

La scuola di Roe Head.

---

[11] *Ibidem.*

"(…) stanze e corridoi rivestite da pannelli di quercia, il salotto della Wooler e le classi al piano grande di sotto, con bovindo e sedute alla finestra con vista su Kirklees Park; la sala da pranzo dava sui cancelli d'ingresso e la strada principale mostrava se un fratello lanciava pacchetti dai muri[12]. *(…) Dall'ingresso un elegante scalone di quercia saliva con grosse ringhiere al primo piano aprendosi in una galleria. Qui c'era il salotto da cui cinque gradini conducevano al corridoio per le stanze. Molte porte segrete lasciavano spazio alla fantasia*"[13]

Una decina di ragazze di ceto medio ed età sui dodici anni era tenuta a collegio in quella scuola chiamata Roe Head, gioia e dolore di Charlotte.

Cominciamo dalla gioia e da un po' di nostalgia.

Casa è casa. A casa c'erano papà, cani, gatti, oche, anche un falco, ma soprattutto c'erano i Genii Brannii, Emmii e Annii. A Roe Head no. Sola, tra le altre allieve, Charlotte voleva scappare. *Che ci faccio qui?* Si sarà ripetuta allo sfinimento durante la prima settimana. Finché arrivò un'altra sconsolata e, come sempre accade, due anime sole si trovarono. Ellen Nussey la vide in un angolo della classe e non fu subito amore. Poi bastò incrociarne lo sguardo, che implorava condivisione, ed Ellen fino all'ultimo giorno della vita di Charlotte fu l'amica, amica di sempre, amica per sempre. Per non farle torto, lo confessiamo, Ellen fu amica vera anche dopo che la morte le aveva divise anzitempo.

---

[12] Era prassi assai comune che i fratelli delle collegiali non entrassero nella scuola se dovevano consegnare dei pacchetti da casa, ma li lanciavano dal muro che circondava la proprietà. Ne parla la stessa Charlotte in una lettera a Ellen.

[13] W. Gérin, *Charlotte Brontë. The evolution of a genius*, Oxford University Press, New York 1967, p. 59 (T.d.A.).

L'esperienza di Cowan Bridge non era neanche lontanamente paragonabile a Roe Head. Nella prima scuola si moriva. Nella seconda si viveva. E scopriamo una Charlotte tutta diversa. È vero, non suonava il piano perché non vedeva gli spartiti; non giocava a palla perché preferiva fare altri compiti oltre a quelli assegnati dalle maestre; non mangiava carne, un po' per divieto paterno un po' per non ricordare i terribili pasti di Cowan Bridge, però era sempre la prima a scrivere giochi teatrali per le compagne, vinceva premi per la bravura scolastica, raccontava storie dell'orrore prima di andare a dormire. Ce la immaginiamo in camicetta da notte bianca, cuffietta, candela sul comodino, a gambe incrociate con le amiche sul letto, coperte da un lenzuolo a farsi paura a vicenda con storielle poco romantiche e molto spaventose.

Era una Charlotte attiva, una ragazzina come le altre, per una volta, e con la voglia di stare in compagnia non solo delle sorelle. In due parole: era viva. Talmente viva da volersi liberare della fantasia casalinga.

Aveva appena cominciato a dedicarsi alla scrittura narrativa che nel Natale 1831 si scontrò con la realtà nella persona di Mary Taylor. Non bastava la dolcezza di Ellen a farla sentire sicura. Serviva anche la rozzezza di Mary a farla sentire energica. A Roe Head, Charlotte capì l'incompatibilità tra mondo reale e mondo dei sogni. Mary fu latrice di quella verità. La cosa peggiore per uno scrittore, anche se ancora in erba, è proprio rimettere i piedi per terra quando si trova tanto bene tra le nuvole. E sull'esempio del suo scrittore preferito, Lord Byron, quel Natale stava per diventare tomba di tutto il ciclo di *Angria*, ribadiamo, da poco cominciato. *La distruzione di Sennacherib*, testo byroniano di forte carisma narrativo e in versi, spinse alla distruzione di *Angria* e per farlo ovviamente non bastava smettere di scrivere. Si distrugge un pensiero mettendolo su carta, quasi a dichiararlo ufficialmente, magari tramite poesia: *The trumpet hath sounded...* suonano le trombe ad annunciare la fine di tutto. Meglio vivere con le amiche.

Quanto pensate durò questa decisione? Decisione significa: una cosa definitiva. In definitiva Charlotte decise di ricominciare a scrivere. Non a Roe Head, non c'era tempo. Aspettava le vacanze e nemmeno con tanta ansia, non come in futuro. Si sarà detta: ma non posso vivere vivendo e anche vivere sognando? *The Adventure of Ernest Alembert...* scritto, archiviato a Haworth durante le vacanze e si riparte alla carica. *Angria* risorge, anche se, a pensarci bene, non è mai morta.

Questo fiume in piena di inchiostro, con buona pace del Reverendo Patrick e per la gioia del cartolaio di Haworth, aveva una mente monumentale. E il fisico? Elizabeth Gaskell descrive una quindicenne che dimostrava molto meno della sua età. Charlotte era una bambina nel fisico e un'anziana nell'intelletto, per alcuni anziana pure nell'aspetto:

"Nel 1831 era una quieta e pensosa fanciulla di quindici anni, dal personale molto minuto, sotto-sviluppato, diceva di essa. Le membra e la testa essendo in armoniosa proporzione con l'esile, fragile corpo nessun termine pur lontanamente atto a suggerire una qualche deformità potrebbe esserle applicato. Soffici, folti capelli castani e occhi tutti suoi, di cui trovo difficile descrivere l'espressione visto che li conobbi solamente nei suoi ultimi anni. Erano grandi e di un bel taglio, color bruno bruciato, ma se si esamina l'iride da vicino ci si accorgeva che il colore era composto da una grande varietà di sfumature. L'espressione abituale era di quieta, attenta intelligenza, ma ogni tanto, per un qualche giusto motivo di intenso interesse, o di sana indignazione, splendevano come se una lampada spirituale si fosse accesa e lucesse dietro quei globi oculari espressivi. Non vidi mai nulla di simile in altra creatura umana. Gli

altri suoi lineamenti erano privi di bellezza, grossi e mal combinati, ma a meno di incominciare a catalogarli, uno quasi non se ne accorgeva poiché gli occhi e la loro forza di espressione compensavano ogni difetto fisico: la bocca, il naso grosso, si dimenticavano, l'insieme del viso fissava l'attenzione e subito attraeva tutti quelli che lei desiderava attrarre"[14].

Questo ritratto di antica scuola veneziana che parla di dignità è dato di una ragazzetta che la Gaskell non vide mai, avendola conosciuta già adulta. Si suppone pertanto che le parole provengano direttamente dalla bocca o dalla penna di Ellen Nussey in epistola privata.

Alla metà del giugno 1832, Charlotte decise di non tornare a Roe Head. Aveva sedici anni. Vi era entrata il 17 gennaio 1831 da ragazzetta timida e nostalgica, vi usciva dopo diciotto mesi col prezioso tesoro di due amicizie uniche e irripetibili, quella di Ellen e quella di Mary, ma soprattutto si era guadagnata il rispetto di tutte le altre compagne inizialmente diffidenti.

Ma perché questa decisione? Perché lasciare quel posto bruttino nel paesaggio e bellissimo dentro, con le amiche, lo studio e la brava maestra? Secondo Winifred Gérin, Charlotte lasciò Roe Head perché aveva imparato abbastanza. Abbastanza per fare l'istitutrice. La verità era che con quanto imparato poteva insegnare solo alle sorelle. Il motivo più logico stava tutto nel costo della retta.

In nessuno dei resoconti sulla vita di Charlotte o nelle sue lettere troverete il vero motivo per cui decise di non tornare a Roe Head. Le sue lettere indirizzate a Ellen mostrano solo il desiderio di non perdere l'amica a causa della lontananza, perché a volte la lontananza non rafforza

---

[14] Gaskell 2015, *op. cit.*, p. 78.

l'amore, lo distrugge e questo faceva tremare Charlotte, a sedici anni come a venti, trenta e fino all'ultimo suo giorno. L'intensità della scrittura epistolare indirizzata a Ellen è stata più di una volta interpretata come amore saffico. Ma come si può non temere di perdere l'unica persona al mondo che le aveva teso una mano nel momento più difficile, a costo di esprimersi da amante esageratamente appassionato?

Ellen era un modello di eleganza, autocontrollo, signorilità, un po' quell'angioletto dai riccioli biondi che tiene buono quel diavoletto di Mary Taylor, sempre pronta a scatenare Charlotte coi suoi discorsi di politica. Eppure crederci o no, nel tempo, Ellen non fu la prima a conoscere il segreto di Currer Bell. Solo Mary sapeva che l'amica dalla "vista notturna" era la madre di *Jane Eyre* e che aveva scelto quel nome ambiguo – ma più maschile che femminile – per nascondersi. Nascondersi perché le donne scrittrici non avevano gran fortuna e lei voleva essere giudicata per il valore della sua mente, non per la sua carta d'identità. Ovviamente Ellen lo sospettava, vedeva scrivere l'amica quando la invitò nella sua casa di Rydings nel settembre 1832, però da lì a sapere con certezza che nel suo salotto stava crescendo una delle più grandi scrittrici di tutti i tempi… soprattutto autrice di un romanzo così antitetico al carattere della timida piccoletta di Haworth!

In casa Nussey, Charlotte poté osservare una vita diversa da quella dell'umile Canonica. La casa-castello di Birstall ispirò molti scenari architettonici di tutta la sua letteratura. Si dice che fosse proprio la Thornfield Hall di *Jane Eyre*. I Nussey non erano ricchi ma benestanti, a un livello socio-economico notevole che non dovette mai impensierire Ellen. Ultima di undici figli per lo più maschi, non si sposò mai, come due delle sue sorelle. Aveva la sicurezza di un futuro dignitoso per mano dei fratelli scapoli con carriera avviata.

Perché preoccuparsi di sposarsi o peggio di lavorare? Doveva solo sperare che nessuno di loro morisse prima del tempo...

Tutti i Nussey trattarono Charlotte con gentilezza e parità di grado, cosa che non avvenne in casa Taylor, dove sì, le veniva riconosciuto un certo intelletto, però l'aspetto... ma che sciattezza! Se solo i Taylor avessero saputo con chi avevano a che fare. Quella malmessa poverella... una delle più grandi menti di tutti i tempi.

Lasciare Roe Head era lasciare queste due amiche speciali. Ma il denaro è un vile traditore. Il Reverendo Patrick aveva pagato abbastanza, anche se si dice aiutato da amici, padrini e parenti. E dunque basta Roe Head. Charlotte aveva avuto il tempo di imparare, anche di scrivere una lettera "politica" al fratello Branwell nel maggio 1832. In pieno fermento intellettuale, quelle pagine ispirarono *The History of the Young Men* (Branwell) e *Albion and Marina* (Charlotte) completato dal poema *Marian Hume*. Sì perché, lasciata la scuola, lasciato il divertimento sociale, cominciava quello asociale... scrivere, a tempo pieno.

Dicevamo delle ragioni ignote che spinsero Charlotte a lasciare Roe Head. Per quanto possa sembrare banale, un'altra "leggenda" ci dice che fu per nostalgia del tempo libero, quello che Charlotte a casa impiegava per creare il suo mondo fantastico di *Angria*. Abbiamo detto della realtà: la scuola costava, prima imparava e prima smetteva. La prima vita a Roe Head non era vissuta come una limitazione allo scrivere. Lo faceva con soddisfazione e senza nostalgia durante le vacanze.

Nei cassetti della Canonica dunque troviamo già i testi di *The Bridal* (riscrittura di *Albion e Marina*) finito nell'agosto 1832, *St. John in the Island of Patmos* e *Lines on the celebrated*

Bewick[15]. Da quel momento inizia la vera fase di *Angria*, quella che, prima di andare a scuola, era stata progettata col fratello e che era proprio allo stadio iniziale, brani sparsi, personaggi ripetuti... dopo non cambiò molto, solo che la mole di pagine si moltiplicò. Fu quello un lasso cronologico che portò Charlotte e Branwell in collaborazione a elaborare, distruggere e ricreare in un moto continuo le ingarbugliate storie di Glass Town-Verreopolis-Verdopolis, il nome cambiava a seconda dell'umore e della trama. Fu il momento per dare una struttura all'opera, definirne i personaggi e mandarli verso un destino ben noto a tutti gli aspiranti scrittori: nei cassetti.

Nessuno degli scritti angriani (in episodi autoconclusivi) partì mai per la pubblicazione. Diciamoci la verità, se anche il pensiero li avesse sfiorati, loro scrivevano solo per divertimento. Che altro potevano fare? Tv, internet? Scrivere e leggere erano le occupazioni principali, oltre a disegnare e cucire. Così, la mole poderosa di carta scribacchiata con calligrafia minuscola rappresentava solo il tempo libero, non era ancora stato piantato il seme della letteratura per lavoro. Non per Charlotte almeno... non ancora.

The Pirate (di Branwell, 1833), *Lord Ronan* (1833), *Something about Arthur, The Foundling, Arthuriana or odds and ends, High life in Verdopolis* (1834), *The Green Dwarf, My Angria and the Angrians* costituirono quella gavetta odiata da tutti gli scrittori e che di certo Charlotte amava, pur considerandola inadatta al pubblico. Lei amava quel mondo, un mondo di luoghi incantati, ricchezze, protagonisti tutti avvenenti, innamorati, belli e dannati, belli e buoni, brutti e cattivi, brutti ma per paradosso anche belli e soprattutto selvaggi... Ecco, magari sì, questo al pubblico poteva piacere, anche se

---

[15] Cfr. Appendice II.

la letteratura precedente ai Brontë parla la lingua di Austen, Thackeray, Scott, salotti, gentiluomini, qualche fedifrago, scalatrici sociali, cavalieri simil medievali, amori a lieto fine. Sì, al pubblico una storia d'amore a tre magari poteva interessare, se i protagonisti erano l'idealizzazione delle bontà umane, delle virtù. Come questo:

"Il figlio maggiore, Albion, Marchese di Tago, è l'eroe del mio racconto. Aveva compiuto diciannove anni; di statura imponente, eguagliava nelle proporzioni armoniose il corpo dell'Apollo Belvedere. I riccioli castani folti e luminosi ondeggiavano sulla fronte, levigata come un marmo puro e intatto. Il naso e la bocca erano modellati in una forma perfetta. Ma nulla poteva essere paragonato ai suoi occhi! L'ammirazione avrebbe potuto tenermi incatenato a contemplarli per ore! Che chiarezza, che profondità, quale brillante trasparenza in quelle luminose pupille castane! Sorrideva con fascino irresistibile, sebbene quel raggio di sole squarciasse raramente l'espressione pensosa e quasi malinconica dei suoi nobili lineamenti. Era un soldato, Capitano del reggimento delle Guardie a Cavallo del Re, e ogni suo gesto o movimento rivelava un'eleganza marziale".[16]

L'uomo bello. Alla Darcy di Austen. E tutte amiamo Darcy, l'uomo che ogni donna vorrebbe, l'uomo che si permette di dichiarare il suo amore concesso per magnanimità, per estremo sacrificio contro il volere della famiglia riccona… Sì, anche in prima infelice battuta e infausta scelta di parole e giustificazione, quell'uomo ci è piaciuto. Quanto diverso da quello sciatto, acido, privo di fascino professore di *Villette!*

D'altronde il corrispettivo femminile non è da meno:

---

[16] R. Cagliero (a cura di), *Charlotte Brontë. Da Haworth ad Angria*, Coliseum, Milano 1987, *Albion e Marina*, p. 34.

"Nessuna rosa selvatica sbocciata in luoghi solitari e nessuna campanula fiorita tra le crepe di un vecchio muro potevano eguagliare la bellezza di questo fiore del foresta. Il colorito delle guance avrebbe offuscato le tinte delicate del rosa, i cui boccioli si aprono alla brezza estiva, mentre l'azzurro cristallino degli occhi avrebbe reso la campanula opaca come un giacinto. Sul collo e sulla fronte d'avorio le ricadevano ondulati capelli corvini raccolti in morbide trecce, ancor più leggiadre di teneri viticci".[17]

Che differenza con l'opaca, monocromatica Lucy, insegnante sempre di *Villette!* Eppure, pensateci, quale delle due ebbe fortuna letteraria? La perfezione idealizzata di Marian o la sciattezza reale di Lucy?

Tuttavia, al tempo di Roe Head, era l'idealizzazione a far sognare Charlotte. Il pubblico avrebbe gradito. E Charlotte no… Non al punto di pensare di pubblicare *Angria*. Non era lei in quelle persone, era quello che voleva essere e che più tardi si renderà conto che non sarebbe mai stata. Quelle erano visioni indotte, idealizzate, irrealizzabili, irrinunciabili e tutte uguali a loro stesse, ininterrottamente.

Prima di arrivare a raccontare di una spettrale luce nel buio, di case maledette, di uomini brutti e basta, dannati e isterici, bigami e bruciacchiati, pazze in soffitta, governanti sonnambule, missionari cugini e cugine per caso, prima di diventare *Jane Eyre*, Charlotte doveva ancora passare per la crisi peggiore della sua vita. Quella crisi si chiamava Roe Head. Di nuovo…

Metà del 1832, tutto il 1833, il 1834 e metà del 1835 Charlotte lo trascorse in casa, casa che era Canonica, ricordiamolo sempre, con rintocchi spettrali delle campane a sera, cimitero da un lato, cittadina industriale dall'altro,

---

[17] *Loc. cit.*, p. 35.

brughiera alle spalle e pur sempre rifugio sicuro della giovinezza e prigione della maturità.

La ragazza vagava ancora in una fase letteraria che non includeva se stessa. Nei suoi scritti non compare Charlotte, compaiono le donne che vorrebbe essere. La donna che è e che è idealizzata al massimo della modestia (né ricca né bella, ma amata e che ama) nascerà dieci anni dopo, con *Jane Eyre*. Nel frattempo ancora poteva lasciarsi andare al sogno infantile e adolescenziale. Anche se *Angria* non era solo terra africana di caldo sole e calde persone. Troviamo in *Lily Hart* (7 novembre 1833) le prime immagini di quel paesaggio notturno che sembra pervadere anche le giornate di sole dei futuri romanzi. La sensazione è sempre quella. Anche se è giorno, è buio… un buio dell'anima.

"La memoria della madre indusse Lily a visitare la tomba ove riposavano le sue amate ceneri e con passo lento e triste si avviò in direzione del cimitero di San Michele. Il crepuscolo aveva attutito il glorioso tramonto con soffici sfumature silenziose prima che ebbe raggiunto l'immensa solitudine delle tombe e la pallida luna crescente illuminava i funebri cipressi giganti quando si sedette accanto a una lapide di marmo grigio posta sotto il pretenzioso muro meridionale. Il gelido silenzio sospeso nella città dei morti era del tutto ininterrotto. Non si udivano passi, né voci riecheggianti fra le tombe e presto l'orologio della cattedrale batté il vespro e fluttuante nell'aria notturna arrivò il mantice dell'organo della Santa Chiesa, baciato a non grande distanza dai bianchi raggi lunari e il suono sublime di un inno sacro"[18]

Se questa non è Charlotte che scrive con uno sguardo dalla sua finestra al cimitero adiacente la Canonica! E come

---

[18] C. Brontë, *Juvenilia*, a cura di Maddalena De Leo, Robin Edizioni, Torino 2017, *Lily Hart*, p. 69.

avrebbe potuto scrivere lo stesso dalla finestra di Roe Head che dava sulla campagna umida?

La sconosciuta Haworth, cittadina industriale, offriva due vedute alla Canonica. Da una parte il cimitero con le sue silenti pietre e dall'altra uno sconfinato regalo della natura: la terra, i sassi e l'erica verso lontane colline sfumate. A perdita d'occhio, a perdita di pensiero, a perdita d'anima. Questo è il paesaggio che riempie tutti i romanzi Brontë: la brughiera, vissuta in passione e sangue da Emily, in dolcezza e malinconia dalla sentimentale ma anche drastica Anne, dal fremente e irrequieto Branwell e dalla notturna e spettrale Charlotte. Non ci sono Brontë senza la brughiera.

Per chi non conosce quel paesaggio, è difficile rendersi conto di certe sensazioni. L'unico modo di scoprirlo è andarci o leggerlo. Non potendo chiudere qui il libro e partire, sappiamo di avere la fortuna di avere più di uno scrittore che ha saputo renderla con parole efficaci.

Ed è di questa terra che voglio parlarvi ora, della brughiera, solo per qualche pagina, mentre Charlotte lascia Roe Head, torna a casa, a ritrovare un dove che devo narrarvi prendendo in prestito la voce di altre celebri penne. Siamo fortunati. Il nostro viaggio è tra le pagine dei libri, seduti comodamente.

II.

La brughiera

Presente e assente. Pur parlandone poco, pur descrivendola a tratti e in poche righe, Charlotte vive intensamente il paesaggio che la circonda e tutto il sentimento che essa fa scaturire si riversa nei caratteri dei suoi personaggi. Jane Eyre è la brughiera, è oscura, è silenziosa, notturna, esplode come un temporale, è lo specchio di animi tormentati, è la notte a dormire sui sassi. La brughiera c'è sempre. È una sensazione.

Poche le parole di Charlotte al riguardo. Come diceva la Sibilla Delfica? *Non dice, non nasconde ma significa...* e così Charlotte non la descrive a fondo, non la nasconde e la impersona, la sparge nelle pagine senza farsene accorgere. Lei *è* la sua terra in senso materiale; non dobbiamo immaginarla, ci appare cupa campagna sotto cieli ingrigiti da nubi invernali ed estati colorate da tramonti solitari e malinconici nelle forme di Jane Eyre.

Thomas Hardy[19] la descrive così:

"La linea d'incontro tra il cielo velato da questo diffuso scialbo chiarore e la terra resa scurissima dalla vegetazione era nettamente segnata all'orizzonte. Il contrasto era tale che sulla brughiera ormai sembrava giunta la notte con un anticipo sul tempo astronomico: vi

---

[19] T. Hardy (1840-1928), scrittore inglese.

dominava la tenebra, mentre nel cielo ancora indugiava il giorno. Il paesano, intento a tagliare la ginestra, guardando in alto sarebbe stato indotto a continuare nel suo lavoro, abbassando gli occhi a terra, avrebbe deciso di far su la sua fascina e tornarsene a casa. I margini lontani della terra e del firmamento sembravano segnare una divisione nel tempo oltre che nella materia. Semplicemente col suo colore, il volto della brughiera aggiungeva un'ora e mezzo alla sera; allo stesso modo poteva far ritardare l'alba, attenuare lo splendore del mezzogiorno, anticipare il cipiglio di temporali che raramente scoppiavano, e rendere più intensamente opaca una profonda notte senza luna, facendone una causa di sbigottito terrore.

In realtà, proprio in questo passeggero momento del crepuscolo in cui affondava nella tenebra, incominciava il grande e particolare splendore della landa di Egdon, e non poteva dir di comprenderlo chi non ci fosse stato mai in un momento simile. Meglio si poteva sentirlo, quando non lo si vedeva chiaramente, ché in quest'ora, e in quelle che sarebbero seguite prima dell'alba del giorno dopo, era possibile intenderne bene il significato e il valore: allora e allora soltanto, si rivelava veramente. Il luogo aveva in realtà una stretta parentela con la notte e quando la notte sopraggiungeva, appariva evidente la tendenza delle sue ombre a fondersi col paesaggio. La fosca distesa di montagnole e valloncelli pareva levarsi e muovere incontro all'ombra della sera, come rispondendo a un'intima affinità, e la terra esalava tenebra con lo stesso ritmo con cui la riversava il cielo. E così l'oscurità dell'aria e quella della terra si fondevano in una fraternità tenebrosa verso cui muovevano entrambe, incontrandosi a metà strada.

Vi si diffondeva ora un senso di vigile attenzione: chi, mentre le altre cose s'immergevano, dormigliose, nel sonno, pareva che la brughiera si destasse lentamente mettendosi in ascolto. Si sarebbe detto che ogni notte la sua titanica forma attendesse qualcosa; ma aveva atteso così, immota, attraverso tanti secoli, attraverso le crisi di tante cose, che poteva ormai attendere un'ultima crisi soltanto: lo sconvolgimento finale.

Era un luogo che, alla memoria di quanti l'amavano, ritornava con un carattere di singolare, affettuosa rispondenza. Raramente questo accade di campagne ridenti, ricche di fiori e di frutti, in permanente armonia soltanto con un'esistenza più idonea della presente ad affrontare i propri problemi. Dalla fusione del crepuscolo col paesaggio della brughiera di Egdon nasceva qualcosa di maestoso ma non scostante, che colpiva ma senza ostentazione, vigoroso nei suoi richiami, grandioso nella sua semplicità. Le qualità che danno spesso alla facciata d'una prigione una dignità maggiore di quella che si trova nella facciata di un grande palazzo il doppio rivestivano questa brughiera d'un che si sublime di cui sono affatto privi luoghi rinomati per una più ovvia bellezza. Visioni serene felicemente si sposano con tempi sereni: ma guai se i tempi non sono tali, soffrono assai più spesso per l'ironia di un luogo troppo ridente che per l'oppressione di ambienti grevi di malinconia. La tetra brughiera di Edgon sollecitava un istinto più sottile e più caro, una sensibilità appresa più di recente di quelli che rispondono al tipo di bellezza definito affascinante e grazioso"[20].

In tutto questo ardore naturalistico, nel quale la natura stessa partecipa violentemente alle sensazioni di animi e menti ispirate come quelle di Charlotte, troviamo la ragione dell'eterno dualismo: vado via, no, resto. A un certo punto della vita, Charlotte sentì il bisogno di andarsene di casa pur sapendo che in nessun altro luogo sarebbe stata se stessa. Le idee le nascono lontano da Haworth o lontano da se stessa, ma è solo a casa che quelle idee diventano inchiostro e parole. *Il professore* è vissuto e pensato a Bruxelles e scritto a Haworth. *Jane Eyre* è pensato a Manchester e scritto a Haworth. *Shirley* è pensato nel momento di sconforto per la morte di Branwell, Emily e Anne e lo scrive a Haworth.

---

[20] T. Hardy, *Ritorno alla brughiera*, REA Edizioni, L'Aquila 2014, ed. ebook.

Villette è sia scritto sia pensato a Haworth. Notate l'evoluzione dei tempi e dei luoghi. Casa è quel posto dove sei te stesso. E Charlotte era se stessa dove era cresciuta. Fu obbligata a capirlo, obbligata a viverlo. Le andava bene così. Quante cose di quella vita dovette farsi andar bene. Non vi erano scelte alla fine. Alla fine tornava sempre. Dalla finestra della Canonica lo sguardo poteva arrivare ben oltre quel che offriva le semplice vista materiale. Quella era una partenza, l'arrivo era lontano… oltre la prima stella…

Ancora Hardy:

"Anche di spirito più profondamente ascetico sentiva di avere un diritto naturale a vagare per la brughiera di Egdon; non varcava i limiti d'una legittima indulgenza esponendosi alla sua influenza. Godere di colori e bellezze così modesti e attenuati era lecito a tutti. Soltanto nelle giornate estive più splendide, la brughiera arrivava ad assumere un aspetto quasi gaio. Conseguiva la sua massima intensità col solenne più che col brillante, e soprattutto durante il buio, le tempeste e le nebbie invernali. La brughiera allora si destava, e rispondeva al temporale suo amante, al vento suo amico. Strani fantasmi l'abitavano; e pareva rivelarvisi il modello finora ignoto di quelle fantastiche zone d'ombra da cui abbiamo la vaga sensazione d'essere circondati nei nostri sogni notturni popolati di fughe e di incubi, e a cui non pensiamo più, dopo il sogno, finché non ce la richiamano alla memoria simili spettacoli.

In quest'ora crepuscolare, la brughiera s'intonava in modo perfetto alla natura dell'uomo; non era spettrale, né paurosa, né orrida; ma non banale né insignificante e neanche artefatta; come l'uomo, negletta e paziente, e al tempo stesso gigantesca e misteriosa nella sua tetra monotonia. Come accade in persone vissute a lungo isolate, un senso di solitudine pareva emanare dal suo volto. E quel volto faceva pensare a tragiche possibilità"[21].

---

[21] Hardy 2014, *op. cit.*

Thomas Hardy scrive alcuni decenni dopo la morte di Charlotte e parla di una brughiera che non è quella dello Yorkshire, eppure luoghi e sensazioni sono uguali.

"A chi sedesse sul ceppo d'un albero nella valle al centro di Egdon, in quest'ora tra il pomeriggio e la sera, quando vi si scorgono soltanto le vette e le creste che limitano l'orizzonte allo sguardo, veniva fatto di pensare che tutto quanto aveva attorno a sé esisteva sin dai tempi della preistoria, immutato come le stelle al di sopra del suo capo, e questo dava un senso di stabilità allo spirito alla deriva, in continuo mutamento, e ossessionato dall'irresistibile Nuovo. Il grande spazio inviolato dava un senso d'antichità e permanenza che lo stesso mare non può pretendere"[22].

L'Inghilterra dell'Ottocento con le sue terre più selvagge appariva così agli animi sensibili. Poeti e scrittori, artisti che ci piace considerare sognatori o maestri dell'immaginazione, seppero farne un dipinto di parole. Come poteva Emily Brontë trovare un titolo diverso da *Cime tempestose* per la sua unica grande opera? Aveva costantemente sotto gli occhi un paesaggio contornato in lontananza dal profilo di colline aspre e brulle, che in ogni stagione, a un occhio che vedeva con l'immaginazione, apparivano mosse dal vento, tempestose. Era naturale. Istinto. Le tempeste ci sono anche quando non ci sono. Sono verità e immaginazione. Ma non è la giornata di sole che ispira le grandi menti. È il vento minaccioso che batte sulle finestre, è la tempesta che fomenta lo spirito e la visione.

"Il nero paesaggio assomigliava allora al Limbo come doveva averlo visto dal ciglio della montagna, nella sua visione, il genio

---

[22] *Ibidem.*

fiorentino, e gli articolati mormorii del vento nelle piccole valli facevano pensare ai lamenti e alle suppliche degli spiriti magni colà sospesi"[23].

Questi *spiriti magni* uditi da Hardy sussurrano trasportati da correnti d'aria, là, più a nord, dove vissero i Brontë, dove di cinque sorelle ne restò una, compagna del vento, delle ginestre, di stradine solitarie di una campagna tra le cime tempestose della sorella.

Simili scenari presuppongono racconti noir, o gotici, come si usa classificarli nella letteratura, non importa se siano romantici o no. Rileggendo Arthur Conan Doyle, incontriamo ancora quella terra in un racconto giallo. Tetra, misteriosa, di spettri...

"Una giornata triste e nebbiosa, pioviggina. Densi nuvoloni si accumulano intorno alla casa per poi sollevarsi ogni tanto a rivelare le monotone ondulazioni della brughiera, le sue colline dai fianchi striati da sottili venature argentee, e, lontano, i macigni inondati dalla pioggia, su ci si riflette la luce. Fuori e dentro, tutto è malinconia".[24]

È la notte bagnata ove padroneggia il misterioso Holmes, anche lui oscuro e filiforme nell'oscurità. E passeggia ancora, il nostro geniale pensatore...

"A una notte di pioggia era succeduta una mattinata radiosa e la distesa della brughiera costellata dai cespugli luminosi delle ginestre in

---

[23] Hardy 2014, *op. cit.*
[24] A.C. Doyle, *Il mastino dei Baskerville*, in *Tutto Sherlock Holmes*, Newton &Compton, I Mammut, Roma 2010, ed. ebook.

fiore, appariva ancora più bella dopo il grigiore monotono e deprimente dello scenario londinese".[25]

Addirittura per Holmes e Watson, specie il secondo che si trova qui a raccontare, il grigiore della città supera la nebbiosa brughiera. Sono atmosfere da grandi scrittori. Ognuno cerca l'ambiente ideale per scrivere. Nel nostro immaginario italico e solare, quelle terre sono *gloomy*, tenebrose, nebbiose, uggiose, tempestose, piovose, fangose... *ose*. Sì, l'Ottocento inglese forniva tanti aggettivi e meteorologia perfetta per chi sapeva sfruttarla. E benché Charlotte sapesse farlo, pur riconoscendo i propri limiti letterari, benché fosse stata rifiutata al primo tentativo del suo romanzare (*Il professore*), ella non cedette, continuò a crederci. A che serviva vivere senza sognare? I suoi racconti non potevano essere di qualità e intensità inferiori a quelli di altri già affermati scrittori. Lei viveva nelle condizioni ambientali e psicologiche che per forza dovevano dar vita a un grande romanzo. Per forza dovevano farne una scrittrice di successo. A cosa valeva il sacrificio di vivere relegata in quella terra di grigio invernale nel perenne del nostro immaginario, se poi nessuno apprezzava il significato delle sue parole? No. Jane Eyre doveva imporsi! Basta alle merlettate bomboniere di Jane Austen. Quella Jane a Charlotte proprio non andava giù. Non l'aveva capita. Non aveva capito che i merletti di casa Austen erano la più colossale presa in giro della futile donnetta ottocentesca, quella stessa immobile entità a-sociale che Charlotte attaccò in modo diverso. Ci volle un po' per diventare una janeite e ammettere la prima incomprensione. Intanto, basta alla

[25] A.C. Doyle, *L'avventura della ciclista solitaria*, in *Tutto Sherlock Holmes*, Newton & Compton, I Mammut, Roma 2010, ed. ebook.

carineria, basta alle feste da matrimonio, ai balli, alle luci, ai mariti belli, ricchi e delicati. Ma perché dobbiamo aspettare il marito bello, ricco e delicato se poi se ne presenta uno brutto, povero e con le mani nere di fabbrica? C'è anche la mia vita! Lettori, dovete leggere me! Il buio, la sofferenza, i segreti indicibili, le notti sferzate dalla natura violenta, i fantasmi nelle case coloniche, le pazze rinchiuse in soffitta, gli amanti sconclusionati vestiti da zingara! Io, io che vivo la brughiera selvaggia, io che sono spinta dalla vita vera, pure ho diritto di stare tra le pagine della letteratura!

Ma, era poi tutto grigio? Negli scritti di Emily, la sorella dal carattere più difficile, troviamo momenti nei quali la brughiera è un campo di sole. Insomma, il sole d'estate c'è pure in Inghilterra... solo che certi animi hanno bisogno delle tenebre per emergere. È dall'oscurità che ci si eleva, non dalla luce. E la luce esiste se c'è il buio.

I giorni di sole, anche molto caldi, stimolavano quella rigenerazione del corpo e dello spirito che poi, nei giorni nuvolosi, si traduceva in prosa e poesia. Le passeggiate in campagna, tra i campi di erica, in una cittadina dai colori industriali non erano solo a favore della leggerezza mentale, erano le camminate verso l'ufficio postale per spedire i sogni a rappresentare una luce virtuale. Una, due, tre, quante volte Charlotte si sarà avviata a quello sportello con la grata, con dietro un occhialuto impiegato delle poste britanniche, che guardandola di sottecchi, sussurrando: "Di nuovo?", si sarà impegnato a timbrare dei pacchettini, neanche tanto piccoli, che contenevano tre romanzi scritti a pennino e inchiostro? Preziosissimi. Guai a perderli.

Il professore, Cime tempestose, Agnes Grey avranno percorso tante volte le strade di Haworth, sotto la pioggerella e sotto il sole, tra uccellini cinguettanti e corvi del tramonto, senza timore, pieni di speranze, perché il mondo, quello letterario, si degnasse di dar loro un po' di spazio, un po' di attenzione, perché quel mondo letterario di sogni ne distruggeva, oggi come allora. Perché loro, i Genii, vivevano lontano dalle luci delle città, dalle stamperie, dagli editori, dai mecenati e dai ricchi coi salotti fatti per incontrare scrittori morti di fame ma talentuosi. Quei manoscritti avevano visto la luce della nebbia, odoravano di terra bagnata, sapevano di amaro inchiostro, portavano un vento nuovo... erano il respiro della brughiera, non dei marciapiedi di città. Che importa se a spedirlo erano Charlotte, Emily e Anne e se poi a essere giudicati erano Currer, Ellis e Acton Bell. Le donne sfidavano il mondo, gli uomini si prendevano il giudizio imparziale.

La consegna della posta e il ritiro... "Scusi, c'è posta per me oggi?" era l'attesa snervante dietro la grata dello spedizioniere, sempre quello di prima e dietro quelle finestre di casa, battute dal vento, o dal sole che le riscaldava, sempre in quella brughiera alle loro spalle e, col cimitero davanti agli occhi, si scartava il pacchetto tornato al mittente. *Ma che futuro abbiamo qui? E* soprattutto... *ci sarà mai un futuro altrove?* "Sì, c'è posta, signorina, ma è indirizzata a un certo Currer Bell presso la Canonica"... "Sì, grazie, la prendo io", impiccione... non ti chiedere se lo conosci o no, non ti riguarda. Ma questo accadde dopo, molto dopo Roe Head.

III.

Dorme il cuore, oltre la prima stella[26]

Roe Head è poesia.

Detto così suona bellissimo.

Il 29 luglio 1835 Charlotte ed Emily si prepararono a lasciare la gioia casalinga delle serate attorno al tavolo a scrivere. Si dissolvevano due delle ombre proiettate sui muri del salotto, al suono di racconti di terre lontane... Angria... Gondal... quel passeggio avanti e indietro, voci narranti, mani levate, occhi che vedono imperiali regni, imperiose genti. La fiammella delle candele ondeggia... restano in due... Anne, Branwell... soli...

La signorina Wooler aveva offerto a Charlotte un posto da insegnante a Roe Head. La signorina Wooler, senza saperlo, aveva offerto a Charlotte mille motivi per detestare l'unico lavoro che poteva fare. La signorina Wooler aveva offerto a Charlotte l'opportunità di affliggere ancora di più la sua testa, ragione, animo, spirito, fastidio... abbiamo mille modi per definire quel malessere devastante per una ragazza di diciannove anni a cui serviva fare esperienza nel mondo lavorativo. Charlotte *doveva* lavorare e perciò *doveva* iniziare. A farsi del male.

Fino ad allora aveva imparato a imparare, ora doveva imparare a lavorare e le sue stesse parole non sfuggono a

---

[26] Verso della poesia *I miei sogni*, ca. 1837.

questo destino: *"Duty – necessity – these are stern mistresses who will not be disobeyed"*[27]. All'obbligo di sopravvivere non si può disobbedire.

In cambio della paga, Emily fu presa come allieva gratuitamente. Così dicono le cronache. Charlotte dice in una lettera a Ellen di andare a Roe Head "per vestire almeno Anne", intendendo chiaramente che le era riconosciuto un piccolo compenso. Almeno c'era una minima gratificazione per quelle giornate terribili. Insegnare. Che orrore! E lo fece, controvoglia, peggio ancora sapendo che nei paraggi viveva Elisabeth Firth Franks, amica del padre, alla quale era stato sottilmente chiesto di "dare un'occhiata" a Charlotte. Aggiungiamo altri fastidiosi orrori alla situazione, ancor prima di viverla a pieno.

Pericolosamente in età da marito: ecco come la vedeva il padre. Charlotte non la prese bene. Eppure non vogliamo condannare il pensiero del Reverendo Patrick, che nel frattempo non aveva più i capelli rossi della ribellione, ma i capelli bianchi della saggezza. Lui lo sapeva, l'aveva capito, che in quella famiglia c'era qualcosa di straordinario come il talento letterario e qualcosa di nefasto come la salute cagionevole in tutti i suoi figli. Alla fine, dobbiamo credere che il Reverendo non volesse vedere Charlotte sposata per due motivi: uno egoista e uno saggio. Il primo perché non voleva restare solo (e le altre figlie? Le dava già per morte?); il secondo perché il fisico minuto della sua Tallii non avrebbe potuto sopportare una figliolanza.

La congiunzione di queste due convinzioni fece passare alla storia il Reverendo come un egoista e basta. Oggi, possiamo credere che in quel suo pensiero si nascondesse anche un'ombra di saggezza. E che rimase pensiero per

---

[27] Lettera del 2 luglio 1835, cfr. cap. V.

molto tempo: non fu mai detto esplicitamente che Charlotte non dovesse sposarsi. Il padre glielo aveva fatto capire senza spiegarle la ragione-logica, le ragioni-conseguenze. E Charlotte, che, indipendentemente da quel che pensava e non diceva il padre, di sposarsi non aveva intenzione a meno che non si fosse presentato uno sfrenato amatore come Zamorna[28] – l'amore folle, quello estremo delle sue storie/fantasie – non si offese per un divieto bene o male condiviso. Era il divieto in sé, sottile, silenzioso e allusivo che non le andava giù. *Lei* doveva decidere di non sposarsi, non gli *altri*.

La mancanza di fiducia paterna o, peggio, essere creduta una donna qualunque che avrebbe ceduto al primo uomo presentatosi e non più essere una figlia pensante la rese ancora più indisponente verso la vita scolastica. Stavolta però sedeva dall'altro lato della cattedra, stava sulla pedana: peggio di un patibolo, era terribile. Dominava un esercito di ignoranza e frivolezza. Quel dominio su una classe di ragazze sciocche, *silly*... stupide senza mezzi termini, non risparmiò nessun aggettivo. Signora dell'ignoranza. Sovrana della superficialità. Padrona della sopportazione. *Mi viene da vomitare*... confessa, forse nemmeno esagera, mentre nella sua testa dominava il mondo di *Angria*, impero della fantasia.

Insegnare è da sempre una vocazione, è un dono che si deve saper padroneggiare, se non ce l'hai è un martirio duplice, lo *devi* fare per necessità, per non morire di fame. E se vi è sfuggito questo dettaglio, mi tocca ripeterlo... le figlie dei reverendi erano per lo più povere se la parrocchia non era "sviluppata". Mettiamoci pure che queste ragazze erano

---

[28] Arthur Augustus Adrian Wellesley, Marchese di Douro e re di Angria, è il protagonista principale dell'Angria di Charlotte, in contrasto con Northangerland, protagonista principale dell'Angria di Branwell.

principalmente senza dote e talvolta nemmeno tanto affascinanti. Cosa avrebbe dovuto fare una bruttarella ragazza di metà Ottocento, se non valutare le uniche due scelte/obblighi per tirare avanti?

Vediamo questi apocalittici scenari: 1) sposarsi (se qualche anima santa le sceglieva), 2) lavorare (se qualche anima più santa le impiegava). Quale fosse la peggiore è difficile dirlo. Per Charlotte fu la seconda. In alcune lettere a Ellen traspare l'insofferenza verso quelle allieve testone e culturalmente di basso livello cognitivo. Magari se avesse avuto delle studentesse veramente interessate a imparare, a forgiarsi il cervello oltre che il corredo, magari sì, quella vita da insegnante non sarebbe stata così orribile.

Ovviamente non fu così fortunata. Quella chiamata alle armi (perché per Charlotte era una battaglia campale quotidiana) non era che il preludio al suo primo lavoro da istitutrice presso la famiglia Sidgwick (1839). Ormai l'abbiamo capito, Tallii scelse obbligatoriamente la seconda opportunità (che parola grossa!): lavorare. Come se non bastasse umiliare la propria intelligenza a scuola, dovette umiliare la sua condizione femminile in casa di estranei.

A quel tempo vi erano poche alternative lavorative per le ragazze povere, quasi povere, quasi sole. Andare in fabbrica, e non era facile perché si viveva nell'era delle nuove macchine che sostituivano gli uomini, oppure andare in case borghesi per istruire signorine, che magari non ne volevano sapere di imparare. C'era sempre la terza scelta: fare le cameriere-domestiche-serve. Ma è un'opzione che le sorelle Brontë non si sentirono nemmeno di considerare. Riconoscevano di avere un cervello. Perché sacrificarlo a lavare piatti e pavimenti?

Era dunque la seconda scelta a occupare i loro piani, una scelta dal sapore di condanna: le istitutrici erano considerate sul più basso gradino della scala sociale, socialmente sparivano, si annullavano e di contro il loro sacrificio valeva ben poco ed era di facciata, se pensiamo che il chiodo fisso delle allieve era solo sposarsi, fare figli e farsi mantenere. La loro vita pareva finire con la maternità. Il resto era solo aspettare la fine... come da copione di Goethe:

"Piace a noi di rappresentarci tanto durature le cose terrene e specialmente le relazioni coniugali: e a quest'ultima illusione, così poco rispondente alla realtà, c'inducono anche le commedie a cui assistiamo continuamente. Al teatro noi vediamo il matrimonio come la meta ultima di un desiderio ostacolato per diversi atti e, nell'istante in cui la meta è raggiunta, cala il sipario, lasciando in noi l'eco di quella momentanea soddisfazione. Nel mondo le cose vanno altrimenti: la commedia continua dietro il sipario, e se questo si rialza non si ha più nessuna voglia di vedere ed ascoltare il seguito"[29]

Riduttivo, certo. Ci sarà pur stato un matrimonio d'amore da qualche parte a quel tempo. Non solo per sopravvivere. Tuttavia, il più delle volte le ragazzine erano educate dalle madri in questo senso: sposatevi, acchiappate un marito che vi mantenga e fate figli, così ve lo tenete.

Le istitutrici insegnavano a leggere, non a fare figli. E molte ragazzine della lettura e della grammatica non sapevano che farsene. Charlotte sposarsi e farsi mantenere? Giammai! Era una donna pensante, non inerme. Non era una macchina per perpetuare la stirpe terrestre, era una macchina pensante per scrivere, fare libri e, se capitava di poter amare liberamente un ipotetico quanto improbabile uomo, che non aveva solo lo scopo di riprodursi, perché no? Perché non

---

[29] J.W. Goethe, *Le affinità elettive*, BUR Superclassici, Milano 1991, p. 153.

desiderare di essere una donna diversa, una donna nuova con un uomo nuovo accanto?

Quando si dice nascere nell'epoca sbagliata...

Se quell'orrore di lavoro comunemente detto "istitutrice" era così degradante per una donna, il corrispettivo maschile era ben diverso e Branwell Brontë lo provò anni dopo. La figura del tutore/precettore dava un tocco di eleganza alla famiglia che lo assumeva per insegnare a dei maschi, futuri lavoratori e scalatori sociali. La parità dei sessi era ovviamente un concetto ancora sconosciuto, anche se si stavano svegliando le prime voci femministe. La realtà della vita quotidiana femminile però era ancora troppo lontana dall'emancipazione.

Charlotte, che si era imposta di non sposarsi, non poteva dunque scegliere l'alternativa numero uno, altrimenti detta *annullarsi nel matrimonio*. Sparire come lavoratrice o sparire come donna? Difficile scegliere. Scegliere però era una parola grossa. Non era lei che doveva correre all'altare, era un uomo che doveva portarcela e quell'uomo, secondo lei, doveva essere uno per il quale avrebbe dato la vita, uno come Rochester (la cui ideazione era ancora lontana) o come Zamorna (suo prototipo), un grandissimo bastardo, un appassionatissimo amante, pazzo furioso, isterico amatore, ricco-povero... e il sogno ritornava, sotto forma di visioni... e corrodevano. Ma dov'è un uomo così? Dov'è? A Roe Head di certo non c'era.

Roe Head è poesia. Ho aperto così questo capitolo.

Poesia. Mezzo per dare parola al nostro animo, per dar voce a quel che desideriamo, per dar voce a un attimo fugace, quello che a un romanzo non sempre è permesso. Qui sta la differenza tra prosa e lirica, quasi banale, quasi riduttiva. Eppure è così. Nel romanzo si spazia con parole senza limiti, si è liberi di dire tutto ciò che la fantasia ha il tempo di pensare. La poesia no. La poesia ha leggi, regole, restrizioni sintattiche e chi scrive poesie, osservandone le leggi del tempo di battuta (sestine, quartine, terzine, rima sciolta, baciata…), deve fare i conti con la brevità del pensiero. Quel che una poesia dice in due versi, il romanzo può dire in due pagine. La poesia è fotografia. Il romanzo è film.

Tutte le poesie dei Brontë (padre compreso) sono in rima. Una rima maestra di autocontrollo, di padronanza della parola e del pensiero, eppure quel che evoca la loro lirica, va oltre i confini della logica e della libertà. Tutte quelle regole elencate qualche riga sopra sono la regola e l'eccezione.

Roe Head è poesia. Perché è in questo periodo che contiamo composizioni più numerose rispetto agli altri momenti della vita brontëana.

Libertà della prosa, restrizione della poesia, ecco cosa succede quando Charlotte, prigioniera del suo secondo Roe Head, si deve "accontentare" di scrivere versi veloci (ma non per questo brevi), per non perdere la visione angriana che la insegue e la tormenta tra i banchi di quella scuola ormai odiata. Pensateci bene… scrive in rima. La magia dell'attimo e la maestria del paroliere:

> *But Time, though viewlessly it flies,*
> *And slowly, will not stay,*
> *Alike, through clear and clouded skies,*
> *it cleaves its silent way*[30].

Flies-stay-skies-way. Non sempre la traduzione italiana può rendere la stessa rima, pertanto la fedeltà al testo originale a

---

[30] *Winter Stores,* in Anne, Charlotte, Emily Brontë, *Poesie,* Mondadori, Milano 2004, p. 336 sgg.

volte deve sacrificare forma e tempi verbali, la bravura tecnica dell'autore, per farci godere solo quella spirituale.

Ma il Tempo, anche se invisibilmente vola[31],
E lentamente, non si fermerà,
così, tra cieli chiari e nuvoli
squarcia il suo silente cammino[32].

La poesia in rima va pensata, va costruita, ragionata, la rima vuole il suo tempo. Quello che Charlotte non aveva. O non avrebbe dovuto avere. Scrive poesie lunghissime. Ci vuole tempo. Ma allora ci ha mentito quando lascia intendere che i momenti di solitudine erano pochi? Che c'era sempre qualcuno pronto a disturbarla? No, quest'ultima cosa è vera. La interrompevano di continuo.

La poesia di Roe Head ci arriva sotto mentite spoglie. È prosa nella testa di Charlotte, è prosa che non ha il tempo di svilupparsi in un discorso temporale sequenziale. È immagine, è dipinto, è scena che si muove rapida nel pensiero ed epurata sulla carta. È essenzialità. Le sue poesie sono di discreta lunghezza, quindi di discreto tempo a disposizione per ragionarci. È possibile che molte furono composte mentre era seduta in cattedra e le allieve facevano i compiti.

Poesia lunga, intercalata da vita angriana che non l'abbandona, che la conduce lenta verso una nuova concezione della scrittura: torna a casa, Charlotte, e pensa a cosa sarebbe la vita da scrittrice, come quelle vere, osannate

---

[31] *... e come un sogno la vita vola...* i versi del fratello Branwell in totale sintonia con Charlotte! Cfr. B. Brontë, *E come un sogno la vita vola. Lettere 1835-1848*, flower-ed, Roma 2017.
[32] T.d.A.

dal pubblico! Ma per entrare in quella fase della sua vita dobbiamo prima riflettere su quel velo perenne che copre il passaggio dall'adolescenza all'età adulta, dallo scrivere tanto per scrivere allo scrivere per uno scopo.

I libri esistono se qualcuno dà loro un senso leggendoli. È quando li teniamo in mano, li apriamo e li leggiamo, li respiriamo (il libro profuma, di carta e inchiostro) che diamo un significato al dolore e alla gioia di chi li ha scritti. Prima di fare prosa seria, pubblicabile, Charlotte *doveva* esprimersi in versi; era già una pratica comune dall'infanzia, per gioco. A Roe Head, diventava necessità. La mano fremeva, la penna tremava, la mente esplodeva… e si accendevano immagini tristi, scure e mortuali, si accendeva la *Memoria*[33]:

Quando i defunti giacciono dormienti nelle
Loro fredde bare, per non svegliarsi più,
Quando passati sono i loro sorrisi e i sospiri,
Oh! Perché di loro restano i ricordi?

Se il sole e la primavera illuminano
I fiori selvatici che sbocciano nelle loro tombe,
Se l'estate ha irradiato le loro lapidi
E l'autunno le ha drappeggiate di foglie,

Se l'inverno si è furiosamente lamentato su di loro
Col suo canto funebre triste e mortale,
Se il sudario come corona di neve li ha velati
Anche così, nel profondo nei nostri cuori, essi dimorano.

L'ombra e il luccichio del sole svaniscono,

---

[33] Del 2 agosto 1835, pubblicata in parte sullo *Scribner's Monthly* nel 1871 nell'articolo *Reminiscences of Charlotte Brontë*. (T.d.A.).

La nuvola e la luce fuggono,
Ma l'uomo dal suo cuore non può bandire
I pensieri che lo tormentano.

Scompare il riflesso dal fiume
Quando l'albero che lo sovrasta è reciso,
Ma nella calma corrente della Memoria, per sempre,
L'ombra senza sostanza si è distesa.

Quando il bagliore della cenere ardente è spento,
Quando il fuoco vitale smette di ardere,
Oh! Perché lo spirito dovrebbe ricordare?
Oh! Perché chi è morto torna?

Perché quel fuoco sta ancora brillando,
Perché quella lampada è ancora accesa,
Mentre il corpo si reclina nella polvere
E l'anima vive in gloria nella luce?

Perché tutte queste immagini di morte, di speranza morta, di destino morto, di morti? Perché tutti questi punti interrogativi? Quanta indecisione, quanti dubbi... È così devastante quel 2 agosto estivo, solare e caldo, per evocare il buio, il freddo, l'inverno perenne di un sentimento luttuoso? È la notte perenne di Charlotte. È la notte perenne dei suoi romanzi. Ecco che il fluire della poesia, in quella mente in subbuglio, infastidita, oppressa dalle vite altrui, la mette in connessione con visioni funeree che sfoga a fasi alterne, o quando ha tempo. Ripetitive immagini di morte. Fuori è estate, dentro è inverno, fuori è luce, dentro è buio. Quanto è terribile o quanto è bravura per chi fa poesia scrivere di immagini totalmente opposte alla vita reale? E che differenza c'è tra la vita di una Charlotte rinchiusa e quella di un morto sotto terra? "Roe Head" uguale "bara". Nessuna differenza.

L'oscurità spegne la luce, la vita, l'amore, proprio come si spegnevano le candele a sera, per andare a dormire. Ma quello spegnimento materiale per Charlotte diventava accensione del sogno, di storie che le giornate di lavoro estinguevano sempre in quella maledetta bara della sopportazione. Quante cose c'erano in quella fossa scavata... con quella cassa dentro, ancora aperta: libertà, sogno, amore, per dirne tre intangibili. Carta, penna, inchiostro, per dirne tre tangibili.

La notte non porta solo consiglio. Porta vita, arte, letteratura.

Charlotte detestava insegnare, l'abbiamo capito; non doveva sposarsi, non voleva, a seconda dei casi e della vostra opinione; non riusciva a scrivere le lunghe prose immaginate di continuo, con occhi aperti e persi, per non dimenticarle, per memorizzarle, per sentirsele dentro, per diventare lei stessa il suo fantasticare. Insomma, la domanda è retorica: ma cosa ci stava a fare a Roe Head? La risposta è avvilente: per denaro, per necessità.

Roe Head non era più il posto felice dell'adolescenza. Per di più Emily, che soffriva gli stessi mali della sorella e forse peggio, se ne tornò a casa (spettro di Cowan Bridge tornato con una tosse sospetta), perché senza casa e brughiera si rischia di non avere *Cime tempestose*. Emily, tu hai avuto coraggio! Sarà stato il pensiero di Charlotte, che aveva l'incombenza di essere la sorella maggiore e che non poteva mettere la scusa di stare male, anche se stava malissimo, di testa. Prima il fisico da salvare, poi la mente... Vai, Emily, vai a casa e vivi almeno tu... io devo restare per non deludere papà. Intanto anche Branwell non concludeva niente con la Royal Academy of Arts, forse un obiettivo

46

troppo grande per lui, come il resistere lontano da casa per una Emily che sentì il peso della sconfitta e se ne infischiò appena rimise le mani nel suo famoso pane croccante che profumava la Canonica e la brughiera.

La meno attaccata a casa, la più convinta di dover lavorare sopportando in silenzio da buona cristiana quale passò alla storia, la tacita, dolce, eterea Anne prese il posto di Emily e Charlotte perse di nuovo la scusa per poter scappare.

Il 19 dicembre 1835, a Haworth, Charlotte riprese possesso di sé e lo fece col solito pensiero: scrivo due righe... Sia ringraziato il Signore per averci dato il Natale e l'uomo per aver inventato le vacanze di Natale... È il tempo di ripensare a un passato, a una rete che diventa sostegno di un futuro ignoto: la chiama *Retrospezione* o *Abbiamo tessuto una rete nell'infanzia*[34]. Un passaggio dalla poesia alla prosa, quasi un passaggio di testimone, da Roe Head a Haworth, dalla prigione alla libertà:

Abbiamo tessuto una rete nell'infanzia,
una rete di solare brezza.
Abbiamo scavato una fonte nell'infanzia,
Di acqua pura e limpida.

Abbiamo piantato un seme di senape in giovinezza,
Abbiamo tagliato un ramo di mandorlo.
Ora siamo nell'età della mietitura,
Saranno avvizziti i semi nel terreno?

Sono appassiti, morti e svaniti?

---

[34] C. Alexander, *Tales of Glass Town, Angria and Gondal, selected writings*, Oxford University Press, New York 2010, p. 151 sgg. (T.d.A.).

Sono tornati a essere polvere d'argilla?
Perché la vita è adombrata di oscurità
E le gioie scorrono velocemente via?

Svanita! La rete è immobile nell'aria
Ma come sono distese le sue pieghe,
E dalle sue tinte carminio chiaro,
Quale profondo calore riversa.
La luce di un cielo italiano,
Dove le nuvole di un tramonto lento si spande,
Non si fa più rosso rubino.

Ma la fonte era sotto una pietra muschiata,
Il suo getto non sgorga più.
Ascolta! Scettico, imponi ai tuoi dubbi di svanire,
È quello un flebile fragore,
Che si addensa intorno a te? Ecco! La marea
Delle onde ove cavalcano flotte armate,
Affondando ed emergendo, s'acciglia e sorride,
In un oceano con migliaia di isole
E pochi lumi sulla riva.
Il seme di senape nella terra lontana
Si piega sotto un possente albero,
L'aria spoglia il mandorlo
Che ha toccato l'eternità.

Arriva un secondo miraggio,
Come la caduta dello scettro di Aronne,
E arido cresce come la vita nella brughiera,
Germoglia, fiorisce e fruttifica in ghirlande,
Si uniscono all'arido ramo del germoglio attorniato
Come fiori su solitarie tombe.

Il sogno ci ha rubato il tempo
Quando la vita era nella sua primavera.
Il sogno che ancor più rapido ci ruba,
Come la dolce stella al tramontare,
L'avvento del giorno, che rivela
I fuochi della splendente fiamma di Sirio.
Oh! Quanto più cresci e quando gli scenari
Calano su questi tratti oscuri del mondo,
Più forte di ogni cambiamento il mio spirito si svezza,
e s'inginocchia davanti alle creature di Dio.

Quando siedo sotto uno bizzarro pergolato,
Senza nulla che conosco o amo intorno a me,
Oh, il mio cuore si stringe a te,
Allora sento le rapide tue strette che m'avvolgono.

Quell'ora, quell'ora deserta quando il giorno
S'appresta al freddo crepuscolo autunnale,
Quando le nuvole si abbassano cupe e tristi e grigie,
Un vento amaro mormora tra le sue pieghe.
Là non brilla la fiamma del focolare triste,
Nella camera non v'è il luccichio delle candele,
Dentro, né respiri né suoni di gioia,
Se non il soffio e lo spruzzo del freddo nevischio.

Allora, tristemente desiderai la mia casa,
Un sospiro delle antiche facce familiari.
Avvicinatami alla finestra sedetti triste
E guardai oltre, verso una solitaria tempesta.

Ogni tanto quella brezza selvaggia
Scrollava dai suoi rami le foglie morte e appassite.
Fissai le colline verso gli alberi spogli

E sentii come se il cuore mio si spezzasse.

Là dove mi trovavo, trascorreva il tempo,
Sempre ascoltando quella cupa bufera,
Sempre in quella stanza senza vita e senza gioie,
Bloccata, gelata e indebolita dalle sue tenebre?

No! Grazie alla luce di uno splendente e caro sogno
Il suo potere non aveva colpito il fuoco,
La sua voce aveva risvegliato un lamento
E mi fece salutare le pene in cui giacevo.
E mi chiamò con ardore per tornare
E nascere nella mia casa della brughiera.
Non ho più udito il suono inanimato
Dei lavori e del chiacchierio mormoranti attorno,
Non vidi più quella notte sinistra,
Avvicinarsi alla luce sepolcrale del giorno.

L'incanto della visione in me si è fatta profonda,
Le sue terre e i suoi sfondi erano sparsi dietro di me,
Nel breve tempo di un'ora centinaia di case
Mi hanno ospitata nelle loro signorili magioni,
E sedevo accanto al fuoco, la cui luce
Si proiettava ampia nelle sale di un culmine regale.
E le vidi andare e venire,
Quelle figure irradiavano calore
E udii il pavimento coperto ti stuoie,
l'anticamera e il corridoio,
Tremavano a dei passi sconosciuti,
La cui altezzosa fermezza era terribile.
Quando tra le tende del portone spiccò
Un sollecito e impellicciato semi-dio,
La cui cavalcata nella notte tempestosa

Aveva ingrandito le sopracciglia
che adombravano occhi luminosi,
Brillava al fuoco una corona Sciita,
Finché il dolce saluto di una gaia signora,
Fece svanire quell'inconsapevole cipiglio.
E allora egli tolse il rozzo cappello di pelliccia,
Il mantello georgiano gli cadde accanto,
Distese il satrapo sul morbido cuscino,
Il suo amato e prescelto era al suo fianco.
Quella mano, il cui guanto da cavallerizzo
Sembrava adatto solo per le redini,
Carezzava ora la sua amante,
Con dita bianche senza macchia,
In una calda e vibrante stretta,
quando odio e onore guerreggiavano con la vita,
niente di più rosso di un anello rosato
rifulgeva per il giusto re dell'Est.

In una fiera famiglia dove il suono
Della vita e il subbuglio squillano intorno,
Di sala in sala arde una luce stellata
E la luce genera una luce più forte.
L'immenso suo tono sembra accordato,
Selvaggio il suo eccitamento squilla pungente,
E centinaia tra i suoi splendori liberi
Si muovono senza catene,
Nessuna si affolla ai signorili banchetti
Ma ognuno è ospite perché si è presentato,
Era consuetudine reale, là,
Che ognuno a volontà godesse della casa.

Vidi che il padrone non era solo,
M'incrociò in un ampio salone.

Per poco lo vidi, poi subito svanì.
Sorridendo raggiunse il circolo
Che attorniava un fuoco scoppiettante
E ascoltò una lira tremante.
Di animo limpido e permissivo,
Una gaiezza calda gli scaldava il sangue,
Accese i suoi occhi scuri e brillanti
E le sue labbra intonarono una melodia.

Lo vidi prendere un bambino
Che strinse tra le braccia e chiamò per nome.
Era suo, e con un sorrisetto
la piccolissima creatura impaziente andò
a nascondersi nel suo petto nobile
E i suoi chiari riccioli e la fronte si poggiarono
Sul maturo e flessibile petto.
Le guance del padre gli spostavano i riccioli,
Più fini e più scuri di un bocciolo
La cui lucentezza brillava e presagiva rovina.

Lo baciò e un profondo rossore
Si aggiunse al già vermiglio rossore,
Una barbara tristezza cancellò la grazia
Da quel gran viso romano.
La piccola, distratta, amabile cosetta
Si cullava nel petto di un re,
Le sue dita tra i sottili riccioli sinuosi,
Si allietavano della loro intrecciata ricchezza
Non sognavano quel che la sua anima cercava,
Né ciò che il suo cuore immaginava.

Uscii una notte d'estate,
Il mio sentiero conduceva a un solitario deserto,

Addormentato ancora nella chiara luce lunare,
di una nobile via tracciata.

Lontano, quanto l'occhio di un uomo può vedere
Senza ombre sulla via,
Tutto dorme in muta tranquillità,
Intatto al passo del vento o della parola.

Il deserto è stato un campo di battaglia,
Le pietre son disperse tra l'ondeggiante felce.
Lì hanno sepolto il prode assassino,
Quella polvere alla polvere deve ritornare.

E un monumento di marmo nero
Sorge dove l'erica fiorisce fitta,
La sua base era nascosta da felci e parcali
Ai fianchi del nudo soffio di un vento notturno.

Una Vittoria era scolpita nella pietra levigata,
La sua tromba teneva sulle fredde labbra,
Strano sembrava quando era sola
E non una sola nota suonava,
Non un sospiro.

Era l'antico campo di Camalia[35]
Conoscevo bene il deserto,
perché tracciato intorno a uno scudo scolpito
la luna estiva rivelava queste parole:
"Qui il prode Macarthy cadde.

---

[35] Campo di battaglia angriano dove si scontrarono gli eserciti di Glass town di Wellington e degli Ashantee di Quashia, citati nel testo *The Green Dwarf.*

L'uomo di Keswick guidò.
Primo fra tutti, il migliore, il più nobile
Compì al meglio il suo dovere"

Ho udito un lontano rumore, di zoccoli tra i ciottoli di un rigido e bianco viale, sulla grande strada che curva da Free-town e tende a Ovest. Due cavalieri cavalcano lenti alla luna, lasciando il sentiero della brughiera, galoppando tra l'erica stretti ai loro destrieri.

"Ah!" disse uno di loro quando scese dal cavallo e si avviò verso il monumento. "Ah! Edward, qui c'è la tomba del mio antenato. Ora, che la tromba suoni! Deve avere il suo requiem o mi tormenterà. La campana batté per lui ad Alderwood in tempo di guerra. La sentii e sebbene fossi un bambino, ricordo bene come mia madre tremò quando sedeva nel salone del castello e udiva il suono misterioso e sovrannaturale che risuonava orribilmente tra i boschi. Edward comincia".

Ma io, Charlotte Brontë, dimentico quella voce musicale, sfrenata e lamentosa, venire terribilmente alla mia mente, quasi al mio corpo, all'orecchio, né come distintamente io, sedendo in classe a Roe Head, vidi il Duca di Zamorna appoggiarsi all'obelisco, con il muto marmo della Vittoria su di lui, la felce ondeggiante ai suoi piedi, il suo cavallo nero libero al pascolo tra l'erica, la luna così tenue e graziosamente tranquilla, dormiente sulla vasta e solitaria via, e il cielo africano tremante e scosso di stelle ovunque. Ero quasi andata. Avevo quasi profondamente dimenticato dov'ero e tutta l'oscura tristezza della mia condizione. Mi sentii respirare veloce e rapida appena vidi il Duca alzarsi sulla cima sabbiosa, che ondeggiava come la piuma di un drappo funebre al vento e sapevo che quella musica sembrava funerea e trionfante come i versi scritti

Oh tomba, dov'è il tuo dolore
Oh Morte, dov'è la tua vittoria

Lo eccitavano e acceleravano il suo battito già rapido.

"Signorina Brontë, a cosa state pensando?" disse una voce che fece svanire tutto l'incanto, e la signorina Lister spinse, la sua piccola rozza nera testa sul mio viso". Sic transit & co.

C. B. 19 dicembre 1835, Haworth

Mistero. La prosa si conclude facendoci intuire che è stata scritta a Roe Head, con tanto di interruzione da parte di un'allieva. Tuttavia il brano è datato a Haworth. Dove fu scritta allora? La poesia a scuola e la prosa a casa dove ricorda il finale? Sarebbe una bella soluzione. Confermerebbe tutto quanto detto sinora. Ci darebbe anche ragione di pensare che questa poesia-prosa faccia parte a tutti gli effetti di quel diario che presto leggeremo.

Ora si accendono le prime luci, si ravvivano antichi regni, di nobili senza nome, con nomi esotici, con aspetto per nulla inglese. È il momento di riprendere il controllo del fluire sfrenato e disordinato di quella testolina sempre attiva. Haworth la carica, la spinge, la innalza, regina di Angria, di nuovo.

Nel Natale 1835 Charlotte è a casa con la speranza di rimanerci. È un periodo di fervore. Il padre è impegnato coi Dissenzienti della Chiesa inglese. Negli scritti di Branwell e Charlotte questo fermento viene riproposto con ironia. Ma non solo. Il padre deve aver colto il malessere della ragazza, la spinge a resistere, aveva appena cominciato la sua "avventura". Con l'arrivo dell'anno nuovo, quello che porta sempre nuovi illusori miglioramenti e nuovi quasi sempre incompiuti propositi, Charlotte tenta di darsi una spinta. I giorni 19 e 20 gennaio sono fitti di scrittura, quasi una corsa contro il tempo, perché deve partire… e partire è come morire, no? E allora ecco il suo urlo disperato, quello che tutti sentivano e tutti ignoravano, dovevano ignorare, lei per prima. Non vi erano scuse, si doveva partire e tornare a insegnare. Charlotte allora mise in moto la *Ragione*[36], la peggiore presa di coscienza messa in versi, ossia il ritorno alla realtà:

Non amata, amo, non rimpianta, piango,
Freno il dolore, reprimo la speranza,
Vana è l'angoscia, ferma e profonda,
Più vani i desideri e la felicità.

La mia vita è fredda, morto il fuoco dell'amore,
Quel fuoco da sé accesosi, da sé consumatosi,
Quel vivo calore poco prima diffuso
Ora domato in mortale estinzione!

Priva di grazia, come potrei sognare
Che il mio amore ritorni?
Quale destino, quale influenza accese la fiamma
Che ancora sento dentro bruciare nel profondo?

Ahimè! C'è chi non dovrebbe amare,
Appartengo a quest'atroce schiera,
Saperlo mi renderà d'ora in poi
Più saggia per ascoltare il canto della delusione.

No, Sirena! Non mi appartiene la Bellezza,
La gioia dell'Affetto non conoscerò mai.
Da sola la mia vita declinerà,
Come solitaria è la mia giovinezza ora.

Venite, Ragione, Scienza, Sapere, Pensiero

---

[36] Del 19 gennaio 1836, in versi nel racconto *Frances*, (T.d.A.).

A voi è dedicato il mio cuore,
Vi reco un fedele suddito,
Fedele perché più solitario.

Non temete una debole mente vagante,
Austerità sovrana, sia tuo dovere
Sconfiggere, sopportare, liberare, raccogliere;
Cerca il tuo trono non reclamato, indiviso.

Dolce soffi la brezza dell'estate,
Dolcemente il suo sole splenda sulle valli,
Tutta la terra intorno con amore sfolgori,
Ma nessun calore raggiungerà il mio cuore.

Falso e vano vanto! tuttora il fuoco
Benché represso, spento, respinto, stia bruciando
Alla fonte della mia vita, più forte, più alto
cresce nella brama di uno spirito calpestato.

Si risveglia per essere distrutto ancora,
Non mi perderò di coraggio, non cederò al dolore,
La lotta e la forza domeranno la mente
E non dubito che sarò forte domani.

Non sono fuggita da ciò che potrei conquistare?
Non ho attraversato l'oscuro mare con la fede più solida,
gettando al fine la mia ancora
Dove l'amore non prevarrà sulla morte?

... e la *Ragione* descrive una persona senza speranza. Ma non doveva farsi coraggio? *E non dubito che sarò forte domani...* Domani, ma oggi? Oggi, Sogni, vi parlo e vi interrogo. Mi riferisco a voi come a un'entità viva. E riposo. Riposo. Parlo d'amore, di non-amore, voglio amare ma non posso.

Il 20 gennaio 1836 con Anne, Charlotte torna a rinchiudersi a Roe Head e "rinchiudersi" non è un termine esagerato. Incatena la mente. Le catene sono vive, sono quelle allieve disastrose che la interrompono ogni momento. Come poteva non mettere mani alla penna e dedicare un inno al suo più prezioso tesoro per sfogarsi? Catene immaginarie, si spezzano solo con sogni ancora più potenti, con volontà ancora più vigorose. *I miei sogni*[37]... un attimo ancora, sogni, liberatemi.

Di nuovo mi trovo sola, e ancora
La stessa voce come un oracolo comincia
Il suo vacuo canto mistico, non dimentica
Dei rimproveri per cento peccati nascosti
E infligge dolorose penitenze allo sguardo,
terrori e lacrime per molte notti insonni.

Lesti cambiano gli scenari su di me, tutti uguali,
Al grido e all'impulso delle regioni di una terra
popolata da fantasmi e com'è oscuro il loro intento,
Quando ogni fatuo ospite solleva la mano indistinta
E scosta il suo velo, per mostrare uno sguardo che appassisce
quell'occhio mortale che può a stento tutto sopportare.

Cerco di trovare una via piacevole in
Scenari più limpidi, ma finisce lo stesso in oscurità.
La solitudine si schiuderà oscura e vasta,
Come unico panorama in una valle fiorita
Di rose e olmi ed erba, perché questo appassisce

---

[37] T.d.A.

58

Le loro foglie avvizzite che cadono oltre l'ombra sabbiosa.

I miei sogni, gli dèi della mia religione, indugiano
In terre straniere, ognuno separato dall'altro,
E là è passato un freddo dito distruttore,
Su ogni immagine, e ogni sacro rintocco
Suona basso e lontano, qualche volta morente
Come un singhiozzo soffocato o un sospiro incerto.

Imprigionato dal mare, o circondato da una scogliera, lontano
assopito su un marmo di una fontana colma,
Dorme il cuore, oltre la prima stella,
La prima che illumina il suo morbido e pallido lumino
Nel grande tempio del Cielo, ha fissato lo sguardo
Senza sorriso e senza sigillo sul cielo azzurro.

Lasciato dal sole, poiché egli ha perso la speranza,
Piegato dall'oscurità, in placida serenità,
Silenziosa come il declivio di palme dell'isola,
La spiaggia è desolata, il bosco spopolato,
quel luogo raccoglie ogni raggio di luna che sorride
verso quel profondo e selvatico abisso.

Ingrato egli alza lo sguardo, senza felicità
Lo agita sentire la brezza crepuscolare diffondere
I suoi aromi, che porta in ogni bacio speziato
Il respiro mescolato ai fiori del sud e alle rugiade,
Fresche e deliziose, come lo spruzzo di una fontana,
Versate sul brillante pavimento ove egli giace.

Nei mesi a Roe Head, Charlotte sembra accumulare una mole di sogni/racconti che riesce a scrivere a fatica in qualche pagina di diario e in poesie che urlano tutte lo stesso messaggio: non ce la faccio più! La malattia era intellettuale, vedeva cose che non esistevano, si corrodeva l'animo di sentimenti solitari, nessuno che glieli condividesse, era sola e non si ama da soli, a meno che non si sia dei santi che amino l'umanità intera. E Charlotte santa non era. Se la gente avesse conosciuto già a quel tempo i pensieri emancipati (socialmente) della figlia di un reverendo! In questa morsa psicologica nasce il desiderio di ali che confesserà anni dopo a Ellen. Quelle ali che non riusciva a dispiegare volevano amare, non sposare, volevano distendersi, non comprimersi, volevano vivere, non sopravvivere. L'impeto frenato, la mente oppressa, angoscia, ansia, tensione, com'è che quella straordinaria sognatrice doveva arrendersi a una vita senza senso?

"She looked back with nostalgia" scrive Juliet Barker[38]. A cosa guardava indietro? Non solo alla casa lontana. Era il tempo che voleva. Quel tempo che stava sacrificando ad altre persone. Lei, il tempo, lo voleva sacrificare solo a se stessa. Un sacrificio d'amore, di scrittura. Stava cominciando a riconoscere la propria dote, l'unica che poteva sfruttare: scrivere. Ma per il momento era ancora una ragazza senza un progetto letterario preciso, solo pieno di confusione.

Altro tempo perso per gli altri, altro tempo tolto alla carta e alla penna: nemmeno la vita sociale, che non le offriva Haworth ma Roe Head sì, la metteva a suo agio, piuttosto la seccava, specie se la visita era al vicariato di Huddersfield per incontrare Amelia Walker.

Ex compagna di scuola, modello della sua poco fortunata Amelia De Capell di *Ashworth* e della più fortunata Ginevra Fanshawe di *Villette,* questa ragazza di buona

---

[38] J. Barker, *The Brontës. Wild genius on the moors: the story of a literary family*, Pegasus Books, New York 2013, p. 283.

famiglia, era uno dei fastidi di Charlotte. Amelia non era così drastica in frivolezza come Ginevra e nemmeno era antipatica. Ma quel suo sfoggio di mondanità, auto contemplazione del proprio aspetto grazioso, alla reclusa Charlotte proprio non andava giù. Non era invidia. Era fastidio. Era quello stereotipo superficiale di signorina qualunque magistralmente descritto da Jane Austen e che Charlotte in prima battuta non aveva compreso. E mentre faceva di tutto per non divertirsi in quelle uscite obbligate, Branwell le uccideva Mary Percy, moglie di Zamorna. A Haworth, *Angria* andava avanti. A Roe Head stagnava nel pantano della noia e dell'isteria trattenuta.

Apriamo una piccola parentesi. È in quel momento che si presenta il più grande equivoco letterario "creato" dai sostenitori di Branwell, ossia che egli scrisse *Cime tempestose*. La nostra teoria moderna è piuttosto semplice e guidata dalla logica dei fatti: Branwell visse a stretto contatto letterario con Emily specie quando la sorella lasciò Roe Head e Anne le diede il cambio. Pertanto fu inevitabile che tra loro si influenzassero, per eventi e per potenza scrittoria. Le somiglianze narrative ed espressive sono evidenti e talmente interscambiabili per chi non conosce a fondo la linguistica di ognuno dei Brontë. Emily fu certamente l'autrice di *Cime tempestose* e gli amici di Branwell non volevano proprio ammetterlo; d'altronde quella dichiarazione improbabile serviva soltanto a rivalutarne la figura e perpetuarne la memoria.

La morte dell'angriana Mary Percy, per eventi e stile, ricorda quella della *tempestosa* Catherine Earnshaw. Che poi gli amici dello sfortunato ragazzo raccontarono di averlo sentito leggere dei passaggi di *Cime* è voce che non possiamo confermare oggi[39].

Charlotte resuscitò Mary (l'inconsapevole colpevole dell'equivoco). Respirò ancora aria di casa per le vacanze di Pasqua (ca. 21-29 aprile 1836), quando si dedicò al testo *Passing Events*:

"Lettore, siccome non ho ancora scritto niente, vorrei sprofondare in quella normale tendenza alla composizione, ma non posso, la mia mente è come un prisma pieno di colori ma non di forme. Migliaia di tinte sono brillanti e variegate e se mutassero nell'ombra di qualche fiore o uccello o gemma, potrei scaraventarti un'immagine davanti. Sento che potrei".[40]

Le vacanze estive sono come un panno che spolvera la mente. Una rigenerazione che poi si spegne di ritorno a scuola. Dal 17 giugno al 19 luglio c'è tempo per comporre e per pensare. Cosa fu scritto di preciso tra poesia e prosa non lo sappiamo, molte pagine non sono datate, nelle appendici troverete alcune linee guida talvolta generiche. Quel che ci interessa maggiormente è che Charlotte (e anche Branwell) cercarono il consenso di autori famosi sull'argomento che più premeva loro: siamo bravi o no? Possiamo fare gli scrittori? O più mera domanda: possiamo vivere (economicamente) di scrittura?

Quel glorioso 1836 di poesia doveva concludersi col botto: Charlotte osò sfidare chi solitamente non voleva essere disturbato. La prima vittima su l'ammiratissimo poeta William Wordsworth. Risposta: nessuna.

---

[39] Cfr. A. Law, *Patrick Branwell Brontë*, flower-ed, Roma 2017.
[40] Barker 2013, *op. cit.*, p. 290, (T.d.A.).

Non era il caso di arrendersi. La caparbietà dell'aspirante scrittore è ancora più insistente del mutismo dei destinatari.

Con una delle lettere che mai uno scrittore famoso vorrebbe ricevere e che sempre gli aspiranti scrittori invece osano inviare, Charlotte si dimostrò consapevole delle proprie capacità. Aveva riconosciuto il proprio talento. Il 29 dicembre 1836 scrive a Robert Southey, poeta laureato. La lettera non ci è pervenuta ma la risposta sì e dopo tre mesi...

Keswick, marzo 1837[41]

Signora,
voi forse avete rinunciato all'aspettativa di ricevere una risposta alla vostra lettera del 29 dicembre. Ero ai confini della Cornovaglia quando fu scritta e la trovai una quindicina di giorni dopo nello Hampshire. Durante i miei successivi spostamenti in diverse parti del paese e dopo tre indaffarate settimane a Londra, non ebbi ancora tempo di rispondervi. Ora che sono di nuovo a casa e sto sbrigando gli arretrati accumulati durante la mia lunga assenza, la vostra lettera è rimasta senza risposta e ultima in elenco, non per mancanza di rispetto o indifferenza verso i suoi contenuti ma perché, in verità, non è un compito facile rispondervi, né è piacevole gettare un'ombra sugli alti spiriti e i magnifici desideri della gioventù. Quel che siete lo posso solo intuire dalla vostra lettera, che sembra scritta con sincerità, sebbene sospetto abbiate usato una firma fittizia. Comunque sia, la lettera e i versi portano la stessa impronta, e posso ben capire lo stato che indicano. Quel che io sono, dovreste averlo imparato dalle mie pubblicazioni venutevi alla mano; e se ci fossimo incontrati per conoscerci, il vostro entusiasmo si sarebbe moderato. Il vostro ardore avrebbe perso intensità nel vedere un poeta nel declino della vita, testimone dell'effetto che l'età produce sulle vostre speranze e aspirazioni. Tuttavia non sono ancora né

---

[41] T.d.A.

un uomo deluso né scontento, e voi non udirete mai da me sermoni freddi sul concetto di "Tutto è vanità".

Voi non avete chiesto consiglio su come indirizzare i vostri talenti ma la mia opinione su questi, eppure l'opinione può essere meno efficace di un consiglio. Voi evidentemente possedete, e a un livello considerevole, quella che Wordsworth chiama "la facoltà di versificare". Non la sto svalutando quando dico che di questi tempi non è rara. Attualmente molti volumi di poesie stampati ogni anno non attraggono l'attenzione pubblica, se qualcuno fosse apparso mezzo secolo fa, avrebbe dato gran credito all'autore. Chiunque, d'altronde, che abbia l'ambizione di distinguersi deve prepararsi alla delusione.

Ma non è col desiderio di distinzione che dovete coltivare questo talento, se tenete alla vostra felicità. Io, che ho fatto della letteratura la mia professione dedicandovi la vita, e che non ho mai per un momento rimpianto la scelta deliberata, mi ritengo nondimeno spinto dal dovere di mettere in guardia ogni giovane uomo che si appella a me, aspirando a un incoraggiamento e a consigli contro il prendere una via così pericolosa. Direte che una donna non ha bisogno di tali avvertimenti; che non c'è pericolo per lei. In un certo senso è vero, ma di un pericolo vorrei, con cortesia e onestà, mettervi in guardia. I sogni a occhi aperti in cui abitualmente indugiate, quasi turbano mentalmente; e più le normali attività quotidiane vi sembreranno piatte e senza utilità, più non vi sentirete adatta a loro, senza per questo, scoprire di esserlo per qualcos'altro. La letteratura non può essere l'occupazione della vita di una donna e non dovrebbe esserlo. Più è occupata nei propri doveri, meno tempo libero avrà per questa, anche se solo per gratificazione e ricreazione. A quei doveri non siete stata ancora chiamata, e quando lo sarete, cercherete con meno ansia la celebrità. Non cercate eccitazione nell'immaginazione, le vicissitudini e le ansie di questa vita, da cui non dovete sperare di sfuggire nel vostro stato attuale, ve ne porterà in gran numero. Ma non dovete supporre che io svilisca il dono che possedete, né che vi scoraggi dall'esercitarlo. Io vi esorto solo a riflettervi e usarlo affinché contribuisca al vostro duraturo benessere. Scrivere poesie per il

64

proprio benessere, non in uno spirito di emulazione e non per la celebrità, ve lo farà desiderare meno e finalmente l'otterrete. In tal modo la poesia è utile al cuore e all'anima, oltre alla religione, placando la mente ed elevandola coi propositi migliori. Potreste dar forma pensieri sublimi e ai sentimenti più saggi, e così facendo li disciplinereste e li rafforzereste. Addio, signora. Non vi scrivo in questo tono perché ho dimenticato che fui giovane un tempo, ma proprio perché lo ricordo. Non dubitate né della mia sincerità, né della buona volontà e, sebbene io sia malato, quel che qui è stato detto si accordi con le vostre attuali osservazioni e con l'umore. Più a lungo vivrete, più a lungo ragionevole vi sembrerà. Quantunque io sia un goffo consigliere, permettetemi di firmarmi coi migliori auguri per la vostra felicità presente e futura, vostro vero amico

Robert Southey

Il poeta laureato è molto chiaro: una donna non deve scrivere per ambire alla fama. Una donna prima si deve dedicare ai doveri femminili e poi se ha tempo, ma solo se ha tempo, scrivere per passare quel tempo, per un benessere personale psicologico e non per diventare ricca. Insomma, non è la fama letteraria che deve pagare lo stipendio a una donna. È un marito che la deve mantenere. La sottile vena maschilista: donna e letteratura sono un connubio scombinato.

Le vedute sono evidentemente contrapposte.

Charlotte, che umilmente chiedeva consigli ma poi immodestamente li ignorava, sentì il dovere di difendersi. Analizzò la lettera, la scandagliò, la lesse e la rilesse. Un'altra donna avrebbe accettato quell'arringa antifemminista. Lei ovviamente no. Vero, caro poeta laureato, non mi dici di non scrivere, mi dici di non scrivere per cercare la fama. Ma vedi, io so solo scrivere... che altro posso fare per mangiare?

65

La risposta è datata 16 marzo 1837 da Roe Head[42]:

Signore,

non avrò pace finché non avrò risposto alla vostra lettera, sebbene indirizzarvene una seconda sembrerebbe un poco invadente; ma devo ringraziarvi per il gentile e saggio consiglio che avete accondisceso a darmi. Non mi sono arrischiata a sperare in una simile risposta con un tono tanto considerevole, così nobile di spirito. Devo reprimere cosa provo, o mi crederete follemente esaltata.

Alla prima lettura della vostra lettera provai solo vergogna e rimorso per aver osato disturbarvi col mio acerbo entusiasmo; provai un doloroso calore salire in viso quando pensai ai mucchi di fogli che ho riempito con quanto una volta mi dava gran piacere, ma che ora è solo una fonte di confusione. Ma dopo aver riflettuto un poco, e letto ancora e ancora, la prospettiva sembrava chiara. Non mi vietate di scrivere, non dite che quanto scrivo è totalmente privo di merito. Voi mi mettete in guardia contro la follia di trascurare i veri doveri per i miei piaceri immaginari; di scrivere per amore della fama; per egoistica frenesia di antagonismo. Cordialmente voi mi permettete di scrivere poesia fine a se stessa, purché non lasci incompiuto nulla, di quel che dovrei fare per perseguire quella singola, avvincente, squisita gratificazione.

Temo, signore, che mi crederete davvero folle. So che la prima lettera che vi ho scritto era tutta insensata spazzatura dall'inizio alla fine, ma non sono totalmente pigra e sognante come sembra denotare.

Mio padre è un sacerdote di limitati ma sufficienti introiti, e io sono la figlia maggiore. Ha speso molto nella mia educazione senza far torto agli altri. Ho ritenuto pertanto mio dovere, lasciare la scuola per diventare istitutrice, cosa che occupa i miei pensieri, le mani e la testa per tutto il giorno, senza avere tempo per un sogno. A sera, confesso di pensare, ma mai ho disturbato altri coi miei pensieri. Attentamente evito di apparire preoccupata ed eccentrica per non indurre quelli con cui

---

[42] T.d.A.

vivo, a sospettare la natura delle mie aspirazioni. Seguendo il consiglio di mio padre – che fin dalla fanciullezza mi ha assistita, con lo stesso saggio e amichevole tono della vostra lettera – io non solo ho assolto con attenzione tutti i doveri che una donna deve ottemperare, ma anche me ne sono interessata profondamente. Non sempre vi riesco, poiché talvolta quando sto insegnando o cucendo, vorrei invece leggere o scrivere, ma cerco di evitarlo, e l'approvazione di mio padre ampiamente ripaga il sacrificio. Ancora una volta permettetemi di ringraziarvi con sincera gratitudine. Confido che non ambirò più a vedere il mio nome stampato e se il desiderio dovesse risorgere, leggerò la lettera di Southey, e lo sopprimerò. Mi ritengo sufficientemente onorata di avervi scritto e di aver ricevuto una risposta. Quella lettera è sacra, nessuno la vedrà mai se non papà, mio fratello e le mie sorelle. Ancora vi ringrazio. Questo evento, suppongo, non si ripeterà, se vivrò fino a diventare anziana, lo ricorderò per trent'anni come uno splendido sogno. La firma che sospettate essere fittizia è il mio vero nome. Di nuovo, perciò devo firmarmi

C. Brontë

P.S. La prego, signore, perdonatemi per avervi scritto una seconda volta, non ho potuto farne a meno, in parte per dirvi quanto sia grata della vostra gentilezza, in parte per farvi sapere che il vostro consiglio non andrà sprecato; sebbene tristemente e con riluttanza, sarà al più presto seguito

C. B.

È la resa? Charlotte accetta la sottomissione intellettuale? Apparentemente sì. Va bene, poeta laureato, accetto il tuo consiglio, ma non pensare che io stia tutto il giorno a scrivere. Io insegno. Io mi sacrifico. Smetto. Non scrivo più per ambire alla fama. Te lo faccio credere.

Questa è la sintesi diretta del pensiero charlottiano: per non offendere uno scrittore famoso. Su quel *"Cordialmente voi mi permettete di scrivere poesia fine a se stessa"* possiamo immaginare il tremolio alla mano della nostra aspirante scrittrice. Lui che le permette di scrivere... gentilmente... accontentiamolo questo gentile e permissivo signore... nella sua fantasia, nella realtà di Charlotte, mai!

La risposta giunse a Roe Head il 21 aprile:

Keswick, 22 marzo 1837[43]

Signora,

la vostra lettera mi ha fatto molto piacere, e non mi perdonerei se non ve lo dicessi. Avete accettato l'ammonizione tanto con considerazione quanto con gentilezza. Vi chiedo di incontrarvi semmai veniste ai laghi mentre sono qui. Allora mi tratterrete con la maggior benevolenza, poiché vi accorgereste che non v'è né severità né malumore nello stato mentale cui gli anni e l'osservazione mi hanno condotto.

Per grazia del Signore è in nostro potere raggiungere un livello di autocontrollo essenziale alla nostra felicità, capace di contribuire grandemente a quello di chi ci circonda. Fate attenzione alla sovreccitazione e cercate di raggiungere una quiete mentale (anche per la vostra salute, è il miglior consiglio che vi si possa dare): il vostro sviluppo morale e spirituale allora porteranno pace alla coltivazione delle vostre doti intellettuali.

E ora, Signora, Dio vi benedica!
Addio, credetemi vostro sincero amico

Robert Southey

Questa ragazza le doti intellettuali ce le ha. Southey le riconosce. Ma resta sempre quel consiglio: non scrivere per ambizione, sei donna, lascia stare. Su questa risposta

---

[43] T.d.A.

Charlotte annotò: *"Southey's Advice to be kept for ever, Roe Head 21 April 1837, My twenty-first birthday"*.[44] Pessimo regalo di compleanno. È una delle sue menzogne più colossali. Ovvio che quell'*advice* non lo *kept for ever*, guai a scrivere solo per se stessi senza ambizione, lei voleva scrivere per la fama e per farsi sentire dal resto del mondo. Haworth, Roe Head erano sorde alle sue passioni, la sua voce doveva raggiungere la gente, oltre la Canonica, oltre la brughiera, oltre chi non la capiva.

Gli anni 1836-7 furono particolarmente intensi dal punto di vista poetico e molto confusionario per la prosa angriana, la cui trama è praticamente inesistente. I personaggi nascevano, morivano, rinascevano e sparivano ancora, si sposavano, si risposavano vedovi, si risposavano le amanti, si avevano altre amanti, che tradivano tradite e così via... non si progrediva. Erano per lo più amori illeciti. Usciti dalla penna di una presunta timorata e asociale figlia di reverendo... e sarà sempre così, fino al suo ultimo romanzo.

La poesia, a tratti dotata di trama come fosse una prosa, l'aiutò ad alleggerire il male dell'anima. Anche perché Charlotte stava per affrontare un evento che la segnerà per il suo scrivere futuro. L'amore, il desiderio di vita, vengono sconvolti da una crisi religiosa. È il maggio 1837 quando nella testa di Charlotte echeggia una sola parola: apostasia, che diventa poesia[45]. Solo che la vera insegnante afflitta esce fuori nella composizione biografica: *The Teacher's Monologue*. Questo titolo è ben più che un monologo in senso letterale, è piuttosto una metafora: mono, una, sola. Da sola parlo

---

[44] *"Consiglio di Southey da ricordare per sempre, Roe Head, 1 aprile 1837, mio ventunesimo compleanno"* (T.d.A.).
[45] *Apostasy*, cfr. Appendice I.

(mono-logos), da sola penso. Sono sola, parlo sola, sono *mono*, parlo a me stessa.

Dunque dobbiamo proporvelo integralmente questo parlare a se stessa e da sola, col *Monologo dell'Insegnante*[46]:

Ora, quando guardo quella collina lontana
Così sfumata, azzurra, distante,
Dolci pensieri di casa riempiono il mio cuore.
Casa dove ero conosciuta e amata,
Giace laggiù, laggiù sulla collina azzurra
Che mi divide da chi amo in terra
E mattino e sera, volano i miei desideri struggenti
Laggiù senza mutamento.
Ah! Le mie ore più felici! Per sempre
Vorrei conservarle nella memoria,
Dissolte nelle brughiere, prima che la giovinezza
Decada in oscura ansietà.

Spesso, penso che un cuore angustiato
Mi faccia sospirare a un tempo passato,
E spinge il mio cuore tanto lontano
Dagli amici e dalle amicizie di oggi.
Talvolta penso che sia solo un sogno,
Lo tengo gelosamente come un tesoro,
Tutti i dolci pensieri che ho vissuto sembrano
Svanire nel vuoto.
E allora, questo strano, volgare mondo intorno
Sembra limpido e tutto vero,
E ogni sospiro e ogni suono
Porta il mio spirito a sottomettersi
Al dolore. Così vuota e solitaria

---

[46] Del 5 maggio 1837, T.d.A.

È la Vita e la Terra – peggio che vane
Le speranze sospiranti nel mio cuore
E nutrite da sole e pioggia,
Quando la gioia e il Dolore passeggero
Hanno maturato là il raccolto:
Ahimè! Mi pare di sentir dire
«Le tue messi dorate sono un miraggio".
Tutto svanisce, la mia sola casa
Penso sarà presto solitaria.
Sento, talvolta, presagire
amare partenze al cancello
E, se tornassi e vedessi
Il focolare spento, la sedia vuota
E solo sospiri dolorosi,
Quegli addii che sono stati detti là
Allora cosa farò, dove andrò?
Dove cercherò pace? Quando finirò di soffrire?

. . . [47]

Questa non è la musica che volevo suonare,
Il motivo che volevo cantare,
Il mio spirito volitivo è sfuggito
E un'altra corda ha vibrato.
Non desidero ridere né piangere,
Né gioia né amari dolori,
Ma solo un canto che mi addolcisca e mi purifichi

---

[47] La cesura editoriale indica la stesura della seconda parte datata al 12 maggio. Tuttavia, la prima parte daterebbe 15 maggio, quindi fu scritta prima la seconda la parte? Cfr. T. Winnifrith, *The Poems of Charlotte Brontë, a new annotated and enlarged edition of the Shakespeare Head Brontë*, Blackwell Pubblisher Ltd, Oxford 1984, in index.

E anche se triste, che possa fluire.

Un canto sereno mi consola
Quando il sonno rifiuta di venire,
Un motivo che scacci lo scoramento
Doloroso che provo per casa.
Invano tento, non posso cantare,
e sembra tutto freddo e spento,
Nessuna sfrenata angoscia, nessuna fonte sgorgante
Di lacrime che si versano angosciose.

Ma solo l'impaziente buio di
Chi attende un giorno lontano,
Quando le grandi sofferenze patite,
Riposeranno nella faticata ricompensa.
Poiché la giovinezza sfuma, i piaceri volano,
E la vita si consuma,
E l'ardore del giovane muore
Nel triste indugio.

E la Pazienza, stanca del suo giogo,
Sta vacillando nella disperazione
E la primaverile salute è spezzata
Dalla tensione delle ferite.
La vita se ne andrà prima che avrò vissuto.
Dov'è la primavera della vita?
Ho lavorato e studiato, impaziente e afflitta
Per tutto per quel roseo tempo.

Faticare, pensare, pazientare, affliggersi
È questo il mio futuro?
Il mattino è cupo, anche la sera
Sera sarà così desolata?

Bene, una vita così almeno la Morte
Sia benvenuta, desiderata amica.
Allora aiutatemi, Ragione, Pazienza, Fede
A soffrire fino alla fine!

Faticare, pensare, pazientare, affliggersi. È questo il mio futuro? Questa poesia rappresenta la presa di coscienza definitiva: Charlotte si rende conto che sta sacrificando la propria vita per una vita che non desidera affatto. Ma l'ultima strofa è l'appello alla giustezza della sua scelta, o almeno cerca di convincersene, invoca la Ragione, la Pazienza, la Fede, tutte cose che ha in quantità illimitate e lo dimostrerà fino alla fine dei suo giorni, ragionando sulle sue scelte, pazientando nel realizzarle, credendo sempre in un Dio che lei stessa mai mette in discussione, Lui e la Fede che rappresenta. La crisi religiosa non riguarda la religione, ma i religiosi e i loro comportamenti, questo perché ha colto nel senso profondo di quel Libro di Isaia che tanto le piaceva, un testo in cui l'autore:

"(…) richiamò tenacemente gli impegni dei re e del popolo con il Signore, proclamando la necessità della fede a quanti erano inclini a risolvere i problemi del popolo eletto con mezzi esclusivamente umani specialmente facendo ricordo a illusorie alleanze politiche".[48]

Charlotte era profondamente intollerante verso il bigottismo religioso, ancora memore di quel Reverendo Wilson che le aveva "ucciso" le sorelle per osservare troppo alla lettera i precetti del sacrificio fisico per un benessere spirituale. Era contro quegli uomini che politicizzavano a

---

[48] Prefazione al Libro di Isaia, in *La Sacra Bibbia*, ed. Cei-Ueci, Cinisello Balsamo-Roma 1974, p. 707.

proprio vantaggio le Sacre Scritture, quelle che andavano osservate non interpretate.

Il 1837 è un anno di svolta. È anche l'anno che annovera più scrittura in generale, lettere comprese e quasi tutte indirizzate a Ellen.

Quando Anne si ammalò e fu assistita da alcuni ecclesiastici di casa dalle Wooler, tempestivi a sufficienza per attaccare le vacillanti fondamenta religiose di Charlotte, tutti quei calvinisti tra i piedi, che forse fecero bene ad Anne, ebbero un impatto devastante su Charlotte. La crisi religiosa si trascinò fino ai tempi di *Villette* e parliamo di più di dieci anni dopo, passando per lo sciagurato confessionale di Bruxelles, ripreso nello stesso romanzo.

Scrisse a Ellen, la chiese, la desiderò, voleva sentire la sua voce, era un bisogno assoluto. Ellen era la medicina per tutti i mali. Però, nel momento di maggior bisogno, erano lontane.

"Se fossi come te...", quante volte Charlotte desiderò essere Ellen. Quante volte la volle vicina, contro quelle distanze allungate da mezzi di trasporto lenti. La prima Roe Head era stata la gioia, vissuta con lei. La seconda Roe Head era la morte, perché Ellen non c'era.

Ellen diventò subito il faro nella nebbia di una Charlotte della brughiera. Ellen era qualcosa di più di un'amica, qualcosa di più di una sorella. Ellen era il rifugio sicuro *dalla* vita, *della* vita, *dalla* religione, *della* religione. Ellen era quella che tre anni prima partì per Londra, in visita al fratello John facendo disperare Charlotte. Londra: perdizione, città, luci, gente, gente diversa da loro Yorkshiriani... Londra era gente amica che faceva dimenticare i veri amici: *"Se solo potessi vivere con te..."*

Estremizziamo il momento, il desiderio sembrava reciproco: indipendenza, ali (libertà), autogestione

74

economica, una vita ideale, insomma, dove lavorare senza ammazzarsi di umiliante fatica, padrone di loro stesse, in compagnia dell'anima gemella-amica gemella.

Charlotte aveva piantato i semi di Jane, Shirley, Lucy, tre personaggi-eroine (eroiche nel loro modo di affrontare la vita), che tuttavia rappresentano dei semi piantati ancora troppo a fondo nel terreno della fantasia per poter crescere. Quella fantasia che sviluppò radici col concime della realtà, mescolandosi sulla sottile linea di confine tra vero e fittizio, tra desiderio e realizzazione, aveva ancora bisogno di tempo.

Tra aprile e maggio sembrò verificarsi un cambiamento: Roe Head fu trasferita in un luogo più salubre. Si chiamava Dewsbury Moor. "Sembrò" verificarsi un cambiamento... spieghiamolo. Alcune lettere di Charlotte indirizzate a Ellen e catalogate da Wise-Symington portano la dicitura: *Dewsbury Moor*, come ad esempio quella del 20 agosto 1837: "*Come capirai dalla data di questa lettera, sono di nuovo a Dewsbury Moor impegnata nei vecchi doveri – insegnare, insegnare, insegnare*".[49]

Secondo gli studi dell'Alexander, la scuola delle Wooler fu spostata a Dewsbury Moor nei primi mesi del 1838. Pertanto, o le lettere sono datate erroneamente, ed è possibile, visto che accade in numerosi casi ove alcune addirittura sono senza datazione, oppure Christine Alexander ha commesso un colossale errore, tirandosi dietro anche Juliet Barker, e stiamo parlando delle più grandi esperte al mondo in materia brontëana.

A questo punto subentrano i fatti storici. Nei primi mesi del 1838 il padre delle signorine Wooler, proprietario della

---

[49] T.d.A.

casa di Dewsbury, morì. Era il 20 aprile[50]. Come logica conseguenza, le figlie entrandone in possesso la sfruttarono come nuova sede della loro scuola. Inoltre la nota sulla lettera di Southey proposta poche pagine addietro, indica "*Roe Head 21 aprile 1837*". Pertanto non sembra esserci dubbio sulla più che probabile datazione errata di alcune lettere. Spostandosi a Dewsbury la scuola sembrò non chiamarsi più *Roe Head*.

In questa sede sentiamo di concordare con la versione Alexander-Barker[51]. La scuola fu effettivamente spostata nel 1838 e non l'anno prima. In base a questa scelta cronologica, prosegue il nostro racconto.

Nel luglio 1837 Charlotte era di nuovo a scuola (quindi ancora Mirfield-Roe Head) dopo un mese di vacanza. Sette mesi prima aveva rimandato a casa Anne, perché l'ombra di Cowan Bridge la tormentava al punto di incolpare la signorina Wooler della sorella malata. Non poteva perderne un'altra, a costo di far piangere la sua datrice di lavoro, a costo di farsi rimproverare dal padre perché quella Wooler si era lamentata col Reverendo. Ma Charlotte passò oltre. Gliene importava delle lacrime altrui quando aveva le proprie da asciugare? In quel momento ci fu la rottura, che sopportò ancora per un po', e al momento giusto avrebbe detto basta, lo aveva già deciso.

Ultimo giorno a Haworth, 17 gennaio 1838. Charlotte aveva finito la stesura di *Mina Laury*. Angria fu messa in pausa per l'ennesima volta. Per l'ennesima volta si passava

---

[50] C. Alexander-M. Smith, *The Oxford Companion to the Brontës*, Oxford University Press, New York 2006, s.v. Heald's House ("*Early in 1838 Margaret Wooler moved her school from Roe Head to this house near Dewsbury*").

[51] Tuttavia nell'errore si incorre per via della biografia della Gaskell, su cui si fondano molti studi moderni, tra cui quelli di Fraser e Gérin (cfr. bibl.), anche loro tratte in inganno dalla datazione errata.

dalla serenità al nervosismo. La prosa casalinga era un inno alla limpidezza delle immagini:

"*In una quieta e incantevole sera di gennaio, la luna sorse su una scura vetta delle colline di Sydenham illuminando un sentiero tranquillo, che snodava dal villaggio di Rivaulx. La terra, stretta in una morsa di ghiaccio, era dura, silenziosa e scintillante. La foresta di Hawkscliffe giaceva in un silenzio mortale e le radure oscure e spoglie si disperdevano in lontananza, separando con una linea precisa e nitida la campagna dal cielo. Cielo dal colore blu argenteo, trafitto qua e là da piccoli diamanti di stelle. Lo addolciva soltanto la luna piena, grande e dorata. Il sentiero di cui ho parlato ne riceveva la luce crescente lungo un percorso perfettamente solitario. Pini spettrali e vecchi faggi maestosi vigilavano come sentinelle il tragitto da Hawkscliffe. Più avanti, il viottolo campestre si inoltrava allargandosi nella foresta tenebrosa, mentre la strada maestra, consunta e imbiancata dalla gelata, correva lungo un vecchio muro ricoperto di muschio e di edera selvatica.*
Il sole invernale, rosso come il fuoco, era tramontato su questo silente paesaggio senza nuvole, illuminando con gli ultimi raggi le finestre di una residenza sul limite estremo di Hawkscliffe. La strada verso quella casa era la scorciatoia più breve venendo da Rivaulx. Fermiamoci qui ad aspettare, possibilmente avvolti in pellicce, poiché mai un freddo più pungente gelò il fiume Olimpia"[52]

Prima di tornare a scuola, il 29 gennaio 1838, Charlotte compose *There's no use in weeping*, non serve piangere e non serve dire altro se non la prima quartina di *Non serve piangere*[53]:

---

[52] Cagliero 1987, *op. cit.*, p. 143.
[53] Del 29 gennaio 1838, scritta a Haworth nell'ultimo giorno di vacanze prima di tornare alla Heald's House (Dewsbury Moor). Ricopiata a Bruxelles nel 1843, musicata nel 1853 (?) da J. E. Field., (T.d.A.).

Non serve piangere,
Anche se siamo costretti a separarci,
Non v'è altro da fare che tenere
Un ricordo nei rispettivi cuori.

Quel giorno partì col solito groppone in gola e quel che l'aspettava presto sarebbe stato il colpo di grazia.

Helad's House del fu Rev. William Margetson Helad, su una collina lontana dai fumi delle fabbriche, contornata di giardini, era la nuova sede della scuola, con poche allieve e un'insegnante che proprio non ce la faceva più. Se c'era ancora un minimo legame affettivo che la fece resistere a Mirfield, ora che Roe Head effettivamente non esisteva più, Charlotte non aveva più ragione di sopportare oltre la sua situazione.

Margaret Wooler si accorse dello stato di Charlotte, ipocondriaco, come lo dichiarò lei stessa. Le regalò *The Vision of Don Roderick* di Walter Scott, ospitò Mary e Martha Taylor, medicine perfette per non pensare a una Ellen ancora a Londra. La parlantina secca e aperta delle Taylor distrasse Charlotte dai viaggi di Ellen. Non era tanto il viaggiare a infastidirla, quanto il viaggiare con una meta che non era verso di lei, ma viaggiare dove l'amica poteva incontrare gente più interessante dei Brontë, migliore di Charlotte. È la sua isteria del 1838, culminante con una parola che da tempo voleva pronunciare: basta.

È l'agosto del 1838, Charlotte ci pensò: Branwell era a casa a uccidere i suoi personaggi e lei a lavorare con gente insopportabile, specie se la *mistress*, Margaret Wooler, era ritenuta colpevole della malattia di Anne. Ancora ci pensava, se l'era legata al dito... era la sua scusa. Charlotte non si fece tanti problemi a litigare con la Wooler; l'aveva fatta piangere una volta, non aveva giurato di non farlo più. Chi era il carattere forte tra le due? Quando Charlotte sapeva di avere ragione si imponeva con la violenza di un uragano. Dimostrazione che lei doveva essere padrona e non serva, schiava, dipendente.

Il vaso mostrò le sue crepe, stava per esplodere. Emily andò a Law Hill per un tentativo maldestro di emulare la sorella. Qualcosa doveva pur guadagnare anche lei. Peccato che detestasse più della sorella quel lavoro da insegnante e quindi valutate voi l'entità di quell'odio. Scappata. Senza vergogna. Emily pensava e faceva. Charlotte pensava… e pensava e ripensava.

A Natale l'insegnante depressa – e a dir poco stufa – era a casa per rimanerci: Dewsbury Moor fu cancellata con un colpo secco da una goccia di inchiostro. Il Reverendo se ne fece una ragione. La figlia aveva sopportato fin troppo il degrado mentale. Non servivano altre malattie oltre a quelle fisiche. La febbre si curava, la pazzia no. Forse Roe Head non era il posto giusto. Forse era davvero solo una questione di luoghi, di spazio, di gente. Forse da un'altra parte sarebbe stato diverso. Intanto Wooler-Roe Head parte II erano un ricordo lontano, ed era ora di metter seriamente le mani sulla letteratura, di cominciare a entrare in quell'avventura, costi quel che costi e con qualunque risultato. Era tempo di dire addio ad Angria, un'altra volta, stavolta per davvero.

Prima di arrivare al passo decisivo, dobbiamo capire a cosa si diceva addio e chi lo stava dicendo. Finora vi abbiamo raccontato noi quella ragazzina disadattata. Ora devono farlo due persone che la conobbero, lì a Roe Head.

IV.

La savia Ellen, l'impetuosa Mary

Charlotte Brontë, Ellen Nussey, Mary Taylor, un trio spiegato egregiamente nel saggio di Stefania Mai[54]:

"(...) la quieta e l'irrequieta, la remissiva e l'audace, la passiva e l'energica – le due facce della sua esistenza. Il carattere domestico e la convenzionalità di Ellen, il suo conformarsi senza domande al ruolo passivo e quieto che la vita le riserva sono un modello che Charlotte vorrebbe emulare ma – "I am not like you" scrive all'amica con un misto di rammarico e di orgoglio. Mary, dall'altro canto, intellettualmente curiosa e anticonformista stimola Charlotte a rispondere in modo attivo all'ambizione assecondando l'altra metà di sé. Alla grigia prospettiva di un futuro senza matrimonio e senza ricchezza, le tre amiche reagiscono in modo significativo: Ellen si ritira in una "dignitosa povertà", riguardosa delle apparenze ma dipendente in tutto dalla carità dei fratelli; Mary emigra in Nuova Zelanda, si dà al commercio e ottiene un successo sufficiente a permetterle di tornare a casa e vivere indipendente per il resto dei suoi giorni. Charlotte, divisa come sempre fra dovere e inclinazione – ma potremmo chiamarle ancora una volta disciplina e ribellione, sottomissione e indipendenze, passività ed energia – priva del coraggio di uscire "nell'ampia distesa" del mondo

[54] S. Mai, *La maschera e la visione. Jane Austen, Emily e Charlotte Brontë*, Edizioni Tracce, Pescara 2004.

come Mary era incapace, diversamente da Ellen, di non sentire il
richiamo, sceglie una via di compromesso"…

… lavorare a casa, ma non ci riuscì.

Ellen Nussey, fu la prima allieva di Roe Head ad accorgersi di Charlotte. Accorgersi nel senso più stretto del termine, perché ne percepì il malessere, il dolore e una nostalgia di casa che lei stessa provò, entrando nella classe vuota di quella nuova scuola[55].

Morì alla veneranda età di ottant'anni, per quell'epoca era moltissimo. Un anno più giovane di Charlotte, dalla morte dell'amica, nel 1855, Ellen divenne la donna più ricercata d'Inghilterra. E non si esagera. Secondo storici e appassionati brontëani, Ellen custodiva un prezioso tesoro, quello che il Reverendo Arthur Bell Nicholls, vedovo di Charlotte, cercò di farle distruggere e che molti appassionati delle vicende Brontë stavano cercando come una reliquia. Ma come si permetteva quell'uomo di ordinarle, quasi minaccioso, di bruciare le lettere della sua amica? Quelle scritte da Ellen sparirono, quelle di Charlotte no. Nicholls poteva ordinarle di non pubblicarle, non certo di disfarsene. Ellen ignorò entrambe le cose, tanto non vivevano nemmeno vicini…

Carina, dolce e delicata come una tazzina di porcellana sulla tovaglietta di merletto, quando c'era da combattere Ellen diventava incandescente come il bollitore sulla griglia del camino. Non era meno di Mary Taylor, l'altra tempesta, e

---

[55] Insieme alle sorelle Taylor, Ellen aveva frequentato la Moravian Ladies' Academy a Gomersal, che tutte loro lasciarono per andare a Roe Head. Ellen vi arrivò il 25 gennaio, esattamente una settimana dopo Charlotte.

forse era Ellen l'acqua cheta pericolosa, perché Mary ormai si sapeva com'era.

Undicesima figlia di John Nussey, manifatturiere della lana, dipendente totalmente dai fratelli, Ellen conobbe il segreto letterario delle sorelle Brontë dopo il 1848. Come osserva la Gérin:

> *"Charlotte diede a Ellen una gran quantità del suo amore; durante le crisi emozionali e religiose della giovinezza ella le rivelò la propria anima, dipendendo molto dal suo conforto spirituale. Ma mai, durante l'adolescenza, confidò a Ellen il minimo riferimento alla scrittura e alle ambizioni letterarie"*[56]

Alla morte di Emily, durante una visita a Haworth, alla ragazza ormai trentenne, furono mostrati i tre segreti: *Jane Eyre, Cime tempestose* e *Agnes Grey*. Stupita ma non arrabbiata, da vera amica, mantenne il segreto finché fu possibile. A svelarlo doveva essere la custode di quel mistero e nessun altro. Dall'altra parte del globo, Mary lo sapeva, ma tanto in Nuova Zelanda le notizie era lente ad arrivare, figuriamoci i segreti da rivelare. Charlotte/Currer Bell era al sicuro.

Fin da subito Ellen fu soprattutto la spalla su cui piangere, specie quando Anne Brontë morì a Scarborough. Charlotte, via da casa, non avrebbe avuto la lucidità sufficiente per affrontare da sola la sepoltura e il funerale. Era rimasta solo lei, da sorella a figlia unica. In quel frangente, Ellen non avrebbe mai immaginato di assistere a una reazione originale all'evento: la stesura del capitolo *Valley of the Shadow of Death* di *Shirley*. E come poté non reagire con gelosia quando Charlotte sposò quell'antipatico Reverendo che lei proprio non digeriva? Non era gelosia del

---

[56] Gérin 1967, *op. cit.*, p. 75 (T.d.A.).

matrimonio, era antipatia verso lo sposo, al punto da scatenare intolleranza verso una coerenza fino ad allora sbandierata dalla sua migliore amica. Tradita, ormai. Per paura di restare sola, nella morte, quasi presagendolo, Charlotte si sposò contro tutti i suoi principi. Nicholls era quanto di più lontano dall'uomo Zamorna che le avrebbe fatto perdere la testa. Ma lui rideva della sua letteratura sagace, ironica, l'apprezzava intellettualmente. Le bastò questo. Quest'uomo non le avrebbe mai detto di smettere di scrivere. Si accontentò. E forse anche per questo a Ellen non andava giù.

Alla morte dell'amica, lo spettro di Nicholls prese le forme del copyright. Ellen cercò di far pubblicare le lettere dell'amica, sfuggite al fuoco del camino, ma, per una legge che aveva il sapore del maschilismo, quelle lettere appartenevano al vedovo. In Inghilterra...

In America il copyright aveva leggi travestite da *escamotage* e così lo *Scribner's Monthly* di New York le pubblicò sulla rivista *Hours of Home* dal giugno al settembre 1870. La stessa rivista ospitò il testo *Reminiscences of Charlotte Brontë* (o *School days at Roe Head*[57]). L'azione di Ellen continuò aiutando diversi saggisti, tra cui T.W. Weiss, a scrivere i primi resoconti sull'amica. I lungimiranti appassionati capirono che si doveva sfruttare al massimo le persone ancora in vita che avevano frequentato la Canonica. Siccome il Reverendo Patrick e il Reverendo Nicholls già erano stati spremuti da Elizabeth Gaskell, allora si andò in cerca delle compagne di scuola della grande scrittrice della brughiera.

Le dispute legali sulla pubblicazione delle lettere però continuarono, finché Ellen non le vendette a Clement Shorter, che notoriamente era sordo a ogni pressione e che

---

[57] Wise-Symington 1933, *op. cit.*, p. 92 sgg.

se ne infischiò del copyright, pubblicando tutto l'epistolario pagato cento sterline.

Ellen morì nel 1897 a Gomersal, con l'animo in pace. Non solo non aveva bruciato quelle lettere, era riuscita a darle al mondo. Ma oltre a quel tesoro di cui Nicholls non immaginava nemmeno lontanamente la portata, di Ellen restava la preziosa testimonianza dei giorni a Roe Head con l'amica. Quel primo periodo felice che portò luce nella vita di entrambe...

Primo racconto di Ellen[58]

ALL'EDITORE: *Voi, con molta urgenza mi supplicaste di fornirvi qualche ricordo della famiglia Brontë.*

La vita di Charlotte Brontë, osservata al di là dei suoi notevoli doni e del genio di autrice, fu una vita per nulla sensazionale, poiché la maggior parte fu vita domestica, di sacrificio, di fedeltà a ciò in cui credeva giusto, di forza d'animo nella sofferenza, e di paziente rassegnazione a inevitabili prove; e questi non sono elementi di attrazione per i lettori che cercano eccitazione. Quel che ho detto di Charlotte vale per Emily e Anne; anche se loro differirono parecchio in molti punti del carattere e nelle inclinazioni, erano ognuna e tutte su un campo comune se un principio *doveva essere mantenuto o uno* falso *scoperto. Erano tutte diffidenti verso ogni cosa vacua e irreale. Tutte erano fermamente sincere, coraggiose per eccellenza, per eccellenza semplici nelle abitudini e buone di cuore.*

Per molti anni in passato, ho un po' per volta ricevuto richieste pressanti dai vostri compaesani[59] (che hanno a volte manifestato il più

---

[58] Pubblicato col titolo di *Reminiscences of Charlotte Brontë*, sullo *Scribner's Monthly, an illustrated magazine for the people*, vol. 2 is. 1, maggio 1871, (T.d.A.).

alto apprezzamento verso gli scritti di Charlotte Brontë) in merito a una ulteriore pubblicazione delle sue lettere.

Nel 1867 ebbi qualche contatto sull'argomento, con un vostro compianto concittadino. Henry J. Raymond. Egli scrisse per dichiarare che probabilmente mi avrebbe incontrata in Inghilterra per discuterne, mentre era di strada per raggiungere dei membri della sua famiglia in Europa. Egli annunciò una prossima pubblicazione delle lettere di C.B., dicendo: "Esse sarebbero in ogni caso un considerevole successo", e mi assicurò che "sarebbe stato lieto di aiutarmi nell'impresa per quanto fosse in suo potere". Ho avuto forti dubbi sul desiderio di aggiungere qualcosa (almeno in futuro) alle lettere già date nella Memoria (ed erano molte di più di quanto anticipato), quando sopraggiunse dopo l'annuncio del signor Raymond, un altro tipo di urgenza, spesso molto richiesta tra gli ammiratori più calorosi di C.B.

Con dolorosa frequenza mi è stato detto: "Perché non difendete la memoria della vostra amica dall'accusa di irreligione?" Ogni corda dell'affetto vibrò in risposta a tale appello, placatasi tuttavia nel tempo, dalla promessa che in un futuro le sue lettere sarebbero state la sua difesa, dopo (come pensai) che la mia vita avesse fatto il suo corso. Ma una serie di eventi (che non ho bisogno di precisare) sembrò chiamare e chiamare a ripetizione, tanto che non potei più rifiutare o rinviare il farle giustizia, rendendo un po' più delle sue parole, le parole del suo cuore e dei suoi sentimenti, come esse scaturivano da eventi comuni della vita giornaliera. Il fare questo, richiese qualche sacrificio; ma evitare il probabile fastidio o lo sconforto, quando a tempo debito si viene chiamati a difendere chi abbiamo amato, significa invece essere codardi e vili e indegni verso il fedele amore e l'amicizia di Charlotte Brontë.

Si spera che le poche lettere, ora pubblicate, non mancheranno di mostrare con profonda verità che la sua religione, anche se non si manifestò in fraseologia e dottrine antiquate, persisteva in un senso più

---

[59] Ellen scrive direttamente all'editore americano Charles Scribner (1821-1871).

alto e più onesto, trovando la sua espressione nel pensiero e nell'azione che sgorga da fede e obbedienza. Perché ella deve essere condannata su argomenti della dottrina che non aveva diritto di pronunciare? Perché argomentare sulla sua fede nel nostro Salvatore, quando tutta la sua vita fu una pratica illustrata del Suo insegnamento – la sua presenza costante alle celebrazioni della Sacra Eucaristia, una dichiarazione della sua fede nella Sua espiazione, il suo sacrificio al dovere, offerti così liberamente e interamente senza un pensiero di merito o una lode da guadagnare, e questo, anche, quando tentata da una combinazione di circostanze e affetto senza principi meno religiosi ai quali avrebbe potuto resistere? Mai ella si sottrasse a un dovere perché era noioso, o relegava un altro a fare quel che lei stessa non contava di fare pienamente, soprattutto, se c'era una nuova attrattiva, quando c'erano nuovi sviluppi di crescita di benessere da contemplare e relazioni da rinnovare, quando giornalmente era un'eroina cristiana, che sopportava la sua croce con la fermezza di un santo martire!

E.

Giorni di scuola a Roe Head

"Arrivando a scuola circa una settimana dopo la riunione generale delle allieve, non mi aspettavo di far loro compagnia durante le ore di esercizio all'aria aperta, ma mentre erano fuori, fui condotta in una classe e lasciata tranquillamente ai miei pensieri. Constatai che era una classe molto carina e confortevole, sebbene conoscessi poco le classi in generale, quando, voltandomi verso la finestra a osservare fuori, mi accorsi per la prima volta di non essere sola, c'era una silenziosa, piccola scura figura in lacrime presso il grande bovino; la credei uscita dal pavimento. Appena mi ripresi dalla sorpresa, andai nel punto più lontano della stanza, dove stavano gli scaffali dei libri, i cui contenuti avrei ammirato con un po' di stupore coi prossimi studi. Una tovaglia cremisi copriva il lungo tavolo al centro della stanza, aiutando senza dubbio a nascondere la piccola figura a rimpicciolirsi dalla mia visuale.

86

Ne rimasi toccata e fui subito messa in difficoltà dal vederla così triste e in lacrime.

Ho detto rimpicciolita, *perché il suo atteggiamento, quando la vidi, era quello di chi desiderava nascondere sia se stessa sia il suo dolore. Tuttavia non si ritrasse quando parlai, ma con poche parole confessò che aveva "nostalgia di casa". Dopo che le fu offerta un po' di consolazione, si convinse della possibilità di essere consolata da chi soffriva per la stessa ragione. Un fuggevole fremente sorriso allora le illuminò il viso; le lacrime caddero, in silenzio ci prendemmo per mano e subito sentimmo quella verace affinità che sempre consola, anche se non espressa. Non parlammo e non ci muovemmo finché non udimmo l'avvicinarsi dei passi di altre allieve che tornavano dai loro giochi; era un gioco chiamato "Francese e Inglese" sempre eseguito con molto vigore, ma che Charlotte Brontë mai fu indotta a provare. Forse le voci allegre che si contendevano la vittoria, che raggiunsero le nostre orecchie in classe, agitarono la sua sensibile miseria, causandole avversione per il gioco. Era fisicamente inadatta a quell'esercizio fisico, cosa che suscitava entusiasmo e divertimento nelle robuste ragazze in salute, sia più grandi sia più piccole rispetto a lei. Il sistema educativo della signorina Wooler richiedeva che un bel po' del lavoro delle allieve fosse fatto in classe, e per attuarlo, le nuove allieve generalmente trascorrevano una periodo di studi solitari, ma la fervente applicazione di Charlotte le abbreviò molto quel periodo — ella raggiunse velocemente i livelli necessari e fu pronta per la routine giornaliera e la preparazione degli studi, e velocemente ella superò le compagne, non essendo più l'ultima della classe ma diventandone la prima, una posizione che, una volta ottenuta, riuscì a mantenere. Era la prima in tutto tranne nel gioco; non ci fu mai una parola di invidia o di gelosia dalle sue compagne, ognuna sentiva che ella aveva guadagnato i suoi allori con una diligenza e un duro lavoro del quale esse erano incapaci. Non esultò mai per i suoi successi anche se ne sembrava consapevole, la sua mente era così totalmente programmata ad apprendere, che apparentemente dimenticava tutto il resto.*

L'aspetto di Charlotte non mi colpì subito come fece con le altre. Vidi il suo dolore, non lei in particolare, se non tempo dopo. Non mi sembrò mai la personcina non attraente che disegnavano gli altri ma certamente a quel tempo non era affatto carina, anche i suoi bei tratti erano dissolti. I suoi bei capelli castani naturali di soffice seta essendosi poi inariditi e increspati divisi in piccoli riccioli, mostravano lineamenti che erano più semplici delle sua eccessiva magrezza e mancanza di colorito, facendola sembrare "magra". Uno scuro, vestito verde ruggine fuori moda rimpiccioliva ancor più il suo aspetto ma la vestiva come doveva o avrebbe voluto. Ebbe sempre l'atteggiamento di una gentildonna nata, la volgarità era un elemento che mai prevalse sulla più sottile affinità con la sua natura. Qualcuna delle ragazze più grandi, che erano state a scuola per anni, la credevano ignorante. Era vero in un certo senso, era ignorante nell'educazione elementare data nelle scuole ma superava di molto le sue compagne più avanzate, nella conoscenza di ciò che succedeva nel mondo e nella letteratura del suo paese. Sapeva migliaia di cose a loro sconosciute.

Aveva imparato da sé un po' di francese prima di venire a scuola, questa piccola conoscenza della lingua le fu molto utile quando poi fu occupata in traduzione e dettato. Fece presto bella figura nelle lezioni di francese. Desiderava imparare la musica, per la quale aveva sia orecchio sia gusto, ma la miopia la faceva chinare terribilmente per vedere le note, fu dissuasa dal perseverare nell'apprendimento, specialmente perché a quel tempo aveva un'invincibile avversione per gli occhiali. Le sue dita così strette, contornate da unghie tonde, non sembravano molto adatte all'esecuzione musicale, ma quando brandiva la penna o la matita, sembravano fossero state create per quello.

Non aveva molta fame, per anni non assaggiò cibo animale, non le piaceva, c'era sempre qualcosa di adatto a lei nel pasto di mezzogiorno. Verso la fine del primo semestre fu spinta ad assaggiare, poco a poco, carne con salsa e verdure, e nel secondo semestre cominciò a prendere piccole porzioni di carne ogni giorno. Divenne un po' più grassoccia, sembrò più giovane e vitale, sebbene a quel tempo non fu mai quel che si *dice vivace. Sembrava sempre avvertire una profonda responsabilità su di lei, che fosse motivo di spese per chi era a casa, e che doveva sfruttare ogni momento per raggiungere lo scopo per il quale era stata mandata a scuola, per esempio prepararsi come istitutrice. Ebbe quasi troppe occasioni di responsabile scrupolosità. Eravamo poco costrette ai nostri doveri, il laborioso doveva compiere i doveri stabiliti del giorno e divertirsi con la lettura, ma lei preferiva* raddoppiare *le lezioni se non programmate dalla classe o da una compagna. Fece due ricerche insieme a una compagna, e grande fu l'angoscia se questa non era pronta per la lezione del giorno, quando lei lo era. Le piaceva finire i compiti, così era libera di farne altri da sé. Tale, tuttavia, era la sua consapevolezza, che non faceva mai quel che le ragazze ritenevano generoso fare; sebbene fosse prodiga e altruista, mai suggerì a una compagna in classe (come avrebbe dovuto fatto) per liberarsi del problema e non farlo ripresentare. Tutte le compagne la guardavano, credo, come un modello di alta rettitudine, stretta applicazione, grande abilità. Ella non giocava e non si divertiva quando lo facevano le altre. Quando le sue compagne erano felici intorno al camino, oppure si divertivano al tramonto, sempre un momento prezioso di rilassamento, si inginocchiava presso la finestra occupata nei suoi studi, e per questo a lungo, si disse che vedeva al buio; nonostante ciò non giocava, come le altre, non era mai pronta ad aiutare con un suggerimento in quei giochi che richiedevano buon gusto o intesa.*

Quando le sue compagne ebbero l'idea di fare una recita finale in una mattinata libera, fu Charlotte a scrivere il testo, arrangiò i titoli da adattare alle compagne per l'occasione, scrisse gli inviti per chi doveva adornare la cerimonia, e selezionò per ognuna le parti, sia per la musica che amava ascoltare sia per i gruppi storici. I preparativi per queste mezze giornate libere extra (molto rare) spesso occupavano i momenti liberi per settimane prima dell'evento. In questa occasione Charlotte preparava eleganti e brevi discorsi per chi era scelto a presentare la corona. La sorella più giovane della signorina Wooler consentì dopo molto convincimento a essere incoronata come nostra regina (una nobilissima e grandiosa regina) e le sue allieve fecero tutti gli onori per

89

adattarle il ruolo del momento. Il seguente squisito discorsetto mostra il talento di Charlotte, nell'adattare i suoi pensieri:

"Potente Regina! Accettate questa Corona, simbolo del dominio, dalle mani dei vostri fedeli e affezionati sudditi! E se i loro più onesti e uniti desideri avessero qualche effetto, augurerete la pace a questo impero, sebbene sia un piccolo regno

[firmato ecc. ecc.]
i vostri leali sudditi"

La festicciola terminò con un ballo, ma per mancanza di numero dovevamo accontentarci di una quadriglia a due reel[60] scozzesi. Alla fine ci fu la cena che era considerata molto recherché, *la maggior parte era stata estorta a madri e sorelle maggiori, oltre a qualche cospicuo prelievo dal borsellino. La gran caratteristica, tuttavia, era la presenza di un servitore mulatto. Per un momento tralasciammo la nostra dignità, per improvvisare questo distinto appannaggio. La più vivace della festa, "Jessie (sic!) Yorke"[61] lo fece volontariamente e superò le aspettative. Charlotte evidentemente si divertiva, nel suo modo pacato, tanto quanto gli altri, e anche dopo, con grande entusiasmo ricordava, con le compagne più grandi gli eventi di quell'eccezionale giornata libera. Circa un mese dopo il ritorno a scuola, una delle allieve si ammalò. Ci fu una grande gara tra le ragazze per avere il permesso di assistere l'invalida. Charlotte non era mai tra loro, sebbene fosse assidua in gentilezza e attenzione come le altre nei momenti liberi: ma sedere con la malata era un'indulgenza e una comodità che non si concedeva.*

Fu poco dopo questa malattia che Charlotte provocò grande paura coi suoi racconti del terrore sul girovagare di un sonnambulo[62]. Mise

---

[60] Tradizionale danza scozzese, non c'è corrispondenza nella traduzione italiana.

[61] Martha Taylor prototipo di Jessy Yorke in *Shirley*.

[62] Il tema del sonnambulo viene ripreso altre volte nella narrativa di Charlotte, specialmente nel romanzo incompiuto *Emma*, dove la

90

insieme tutti gli orrori che la sua immaginazione potesse creare, da mari e ondate furiose, castelli turriti, alti precipizi, abissi invisibili e pericoli. Avendo scritto queste cose col più alto picco di effetto, le raccontò, ammassando nuvole tempestose sul suo sonnambulo in cammino su torri tremanti, tutto proferito con una voce che diceva più parole di quante potesse esprimerne. Un tremolio da terrore colse la malata, seguì una pausa, poi un pianto di paura colse anche lei, seguito dalla terribile richiesta di aiuto. Soffrì amaramente. Il rimorso sembrò trattenersi nella sua mente dopo l'incidente, per settimane non ci fu modo di riprendere le sue storie, e mai ne raccontò ancora. Tuttavia nel tempo ci furono altri racconti, finché la signorina Wooler scoprì che si faceva "tardi a parlare". Fu dimenticato, ma era un ritardo proibito, ascoltavamo e parlavamo ancora, non aspettandoci di sentire la signorina C. H. Wooler, una mattina, dire: "Tutte le signorine che hanno chiacchierato l'altra notte devono fare ammenda. Sono sicura che la signorina Brontë e la signorina -----[63] non erano tra loro". Tuttavia la signorina Brontë e la signorina ---- erano trasgreditrici come le altre e piuttosto divertite dal fatto di essere punite come loro, finché non videro la sguardo grave e deluso della signorina Wooler. Fu un peccato che errarono in ciò per cui erano stimate, seppur non intenzionalmente. Questa fu l'unica punizione in cui Charlotte incorse.

Quasi al primo semestre, Charlotte guadagnò tre premi. Per uno dovette disegnare molto con una compagna, un momento di penosa suspense per entrambe, perché non desiderava privare l'altra del suo premio. Fortunatamente Charlotte lo vinse, e così ebbe il gratificante piacere di portare a casa prove tangibili della sua bravura e del suo lavoro. La signorina Wooler aveva due premi di condotta per le sue allieve, che erano straordinariamente efficaci, eccetto con le più distratte. Un nastro nero, indossato nello stile dell'Ordine della Giarrettiera, che

---

protagonista vaga nella notte nel collegio, spaventando le compagne e la direttrice, cfr. C. Brontë, *Emma*, flower-ed, Roma 2016.
[63] Omesso nel testo originale.

le allieve si passavano tra loro per ogni violazione di ruoli e maniere non da signora o per grammatica scorretta. Nei suoi primi giorni, Charlotte doveva aver indossato il "marchio", come noi lo nominammo, anche se non lo ricordo. La medaglia d'argento, che era il premio per l'adempimento dei compiti, ella la vinse di diritto durante il suo primo semestre. Non vi rinunciò mai e le fu presentato quando lasciò la scuola. Rimase solo tre semestri a scuola. A quel tempo andò oltre l'insegnamento elementare contenuto nei libri di scuola. Aveva l'abitudine di imparare lunghi brani di poesia a memoria, e sembrava farlo con vero divertimento e con duri sforzi.

In quei giorni, quando era certa di essere sola con l'amica, parlava molto delle due sorelle morte, Maria ed Elizabeth. Il suo amore per loro era molto intenso, una specie di adorazione risiedeva nei suoi sentimenti che, quando parlava, quasi si rivelava al suo ascoltatore.

Descriveva Maria come una piccola madre per gli altri fratelli, di sovrumana bontà e intelligenza. Ma più toccante di tutte erano le rivelazioni delle sue sofferenze, quando soffrì con l'afflizione di un adulto, e sopportò con pazienza e forza cristiane. Charlotte piangeva e soffriva ancora pensando a lei. Parlava anche di Elizabeth, ma mai con l'espressione angosciata che accompagnava i ricordi di Maria. Quando ci sorprese del fatto che sapeva molto delle sue sorelle quando erano così piccole, e lei ancora di più, disse che aveva iniziato ad analizzarne il carattere quando aveva cinque anni e portò l'esempio di due ospiti che stettero a casa sua per uno o due giorni, da cui aveva preso esempio e la cui conoscenza postuma confermò le prime impressioni.

I versi seguenti, anche se non tenuti in sufficiente considerazione per la pubblicazione nel volume di poesie, hanno tuttavia un interesse perché ne dipingono il cuore desolato:

Quando i defunti giacciono dormienti nelle
Loro fredde bare, per non svegliarsi più,
Quando trascorsi sono i loro sorrisi e i sospiri,
Oh! Perché di loro restano i ricordi?

Se il sole e la primavera illuminano
I fiori selvatici che sbocciano nelle loro tombe,
Se l'estate ha irradiato le loro lapidi
E l'autunno le ha drappeggiate di foglie,
Se l'inverno si è furiosamente lamentato su di loro
Col suo canto funebre triste e mortale,
Se il sudario come corona di neve li ha velati
Anche così, nel profondo nei nostri cuori, essi dimorano.

L'ombra e lo scintillio del sole svaniscono,
La nuvola e la luce fuggono,
Ma l'uomo dal suo cuore non può bandire
I pensieri che lo tormentano.
Scompare il riflesso dal fiume
Quando l'albero che lo sovrasta è reciso,
Ma nella calma corrente della Memoria per sempre
L'ombra senza sostanza si è distesa.
Quando il bagliore della cenere ardente è spento,
Quando il fuoco vitale smette di ardere,
Oh! Perché lo spirito dovrebbe ricordare?
Oh! Perché chi è morto torna?[64]

Durante una delle nostre brevi vacanze Charlotte fu ospite di una famiglia che suo padre aveva conosciuto quando era curato nella loro parrocchia. Erano naturalmente inclini a mostrarsi gentili verso sua figlia, ma la gentilezza qui prese una forma poco gradevole. Non ebbero l'occasione di conoscere le sue abilità o inclinazioni, e guardarono la sua timidezza e piccolezza come indice di estrema giovinezza. Era lenta, molto lenta, a esprimere qualcosa che sfiorava l'ingratitudine, ma qui fu mortificata e ferita. "Mi guardavano come una bambina, e mi

---

[64] Parte dei versi della poesia *Memory*, cfr. supra Cap. III, (T.d.A.).

trattavano come tale" disse. Ora mi ricordo l'espressione di quel viso onesto quando aggiunse "una signora alta mi accudirà*".*

La tradizione del fantasma di una signora che si muoveva vestita di seta frusciante nelle storie di Roe Head, *ebbe grande fascino su Charlotte. Era una pronta ascoltatrice di ogni ragazza che raccontava storie di chi la vide, ma al sentir parlare dei nostri fantasmi, la signorina Wooler adottava uno stratagemma efficace per metterci alla prova, scegliendo qualcuna tra noi per scendere le scale al pallore delle ore serali, per prendere qualcosa che poteva facilmente essere trovato. Nessun fantasma si fece vedere anche nelle più spaventose immaginazioni delle folli e delle timide; il biancore di un viso in apprensione presto sparì, i nervi erano tesi e un generale riso presto ci mise a posto.*

Fu mentre Charlotte era a scuola che si riempì del germe di molti di quei personaggi che poi produsse in Shirley, *ma nessuno poteva immaginare che nell'incessante lavorio delle sue applicazioni giornaliere, recepisse qualche impronta esterna alla vita scolastica. Fu particolarmente impressionata dalla bontà e dalla santità di una delle ospiti della signorina Wooler, la signorina Ainley di* Shirley, *da cui la Wooler andò a stare a lungo. Il personaggio non è di certo un ritratto fedele, per le vere ragioni che Charlotte rese. Disse: "Non dovete supporre che ogni personaggio di* Shirley, *intenda essere un ritratto fedele. Non si addice ai ruoli dell'arte né ai miei sentimenti scrivere in quello stile. Noi conosciamo solo la realtà per* impressionare, *mai per* imporre. *Le qualità che ho visto, che ho amato e ammirato, sono messe qua e là come gemme decorative, per essere conservate in quel contesto". Posso considerare qui che niente irritava Charlotte, più di chi supponeva di incorrere nel rischio di "essere messo nei suoi libri" stando in sua compagnia. Ella insisteva sempre risolutamente che mai pensava della gente in quella luce quando era con loro.*

Raramente durante le vacanze Charlotte faceva brevi visite a compagne le cui case erano vicino la scuola. Qui venne a conoscenza di situazioni e personaggi di spicco del periodo Luddista[65]*, suo padre materialmente l'aiutò a farsene delle idee, poiché aveva tenuto più di una curazia nelle vicinanze in cui descrive* Shirley. *Egli fu presente in qualche circostanza, come partecipante attivo per quanto la sua posizione permettesse. Talvolta, sulla difensiva, talvolta aiutando i sofferenti, unendo la sua forza e influenza nella figura del signor Helstone di* Shirley. *Tra questi due uomini sembrava esserci stata una sorprendente affinità di carattere che Charlotte non fu lenta a percepire, e li sfumò l'uno dell'altro, sebbene mai personalmente osservò l'originale signor Helstone, eccetto una volta quando aveva dieci anni. Era un uomo di considerevole vigore ed energia, sia di mente sia di volontà. Un assoluto disciplinatore, spesso era chiamato il "Duca Ecclesiastico", un vero Wellington della Chiesa.*

Il signor Brontë soleva divertirsi nel ricordare i giorni passati vicino a quest'uomo. Molte colazioni furono ravvivate dai suoi animati discorsi, sul coraggio deciso del suo amico temerario, indipendente e come il popolo intorno ignorante e pregiudizievole fraintese e mal raccontò le sue valorose gesta. Nel dipingere il periodo Luddista, Charlotte ebbe il potere di dare quasi una descrizione letterale delle scene allora rappresentate, in aggiunta alle frequentazioni personali del padre, aveva l'aiuto di altrettanto autentici ricordi di un tempo ricco di eventi, cortesemente offerti dagli editori del Leeds Mercury.

Non posso dimenticare il fatto che nessuna ragazza a scuola pareggiava Charlotte nelle lezioni domenicali. La sua conoscenza delle Sacre Scritture sorpassava le altre, in questo come in ogni altra cosa era molto a suo agio con tutti i più sublimi brani, specialmente quelli di Isaia, da cui traeva gran piacere. La conferma avvenne mentre era a

---

[65] Il Luddismo è un movimento di protesta operaia nato all'inizio del XIX secolo al fine di sabotare la produzione industriale a scapito di quella manuale, specie nelle fabbriche tessili. Sembra sia nata un certo Ned Ludd, di cui si dubita dell'effettiva esistenza, e che si ribellò distruggendo un telaio. Il romanzo *Shirley* è ambientato in quel periodo e affronta quelle tematiche sociali.

scuola e nella preparazione per quello come tutti gli altri studi, si distingueva per applicazione e profitto. A scuola acquisì quell'abitudine che lei e le sorelle portarono avanti fino alla fine, camminare avanti e indietro per la stanza. Nei giorni in cui l'esercizio fuori era impraticabile, la signorina Wooler ci raggiungeva nel riposo serale e conversava (per cui aveva un raro talento). Le sue allieve solevano partecipare quando passeggiava su e giù per la stanza, deliziate dall'ascoltarla, o cercando l'occasione per starle vicino nel camminare.

L'ultimo giorno di scuola Charlotte sembrò capire quale tranquilla, dura stagione era stata per lei. Disse: "Mi piacerebbe per una volta sentirmi completamente *una studentessa, vorrei che accadesse qualcosa! Corriamo in giardino (non lo fece mai) forse incontreremo qualcuno o avremo una punizione per la violazione". Evidentemente desiderava qualche evento da non dimenticare mai. Tuttavia nulla accadde nella sua piccola impresa. Doveva lasciare la scuola tanto tranquillamente così come vi aveva vissuto."*

La scrittura rivela il carattere delle persone. Da questo racconto emerge una Ellen tranquilla, o una donna tranquilla sulla via dell'anzianità: nel 1871 aveva cinquantaquattro anni, che a quell'epoca per una donna significava quasi vecchiaia. Un racconto, dunque, sereno, mai spinto con l'ansia di dover rivalutare o esaltare la memoria dell'amica. Un racconto fatto di piccoli dettagli, il nastro nero delle punizioni, i racconti dei sonnambuli, i giochi mancati, le recite scolastiche e poco altro... una vita comune che Charlotte voleva concludere in maniera esaltante: con una punizione. Voleva sentirsi studentessa fino in fondo, brava e diligente, la prima della classe da cui non ci si aspettava nessuna trasgressione, quasi avesse letto Goethe: "(...) *desiderava ardentemente un pericolo esteriore per equilibrare quello interiore*"[66].

---

[66] Goethe 1991, *op. cit.*, p. 210.

Leggendo le pagine della vita di Charlotte, viene spontaneo ritenere Ellen la sua alter ego. Ellen era tutto quello che Charlotte non era. O forse, è più giusto dire quello che Charlotte non aveva. Ellen aveva la bellezza, la grazia, la casa-castello e fratelli in carriera che la mantenevano. Per questo Ellen non aspirò mai a nulla di più. Si accontentò della sua vita al minimo indispensabile, come la maggior parte delle donne nella sua condizione. Charlotte era di aspetto mediocre, viveva in una casa che non era la sua e sul fratello non sembrava potesse fare affidamento.

Ellen era il sostegno sicuro, il confessionale religioso di Charlotte, la voce dell'angelo. Ellen era quella che stava tranquilla. La ragione di Charlotte, tuttavia, aveva bisogno anche di una vocina contraria, quella del diavoletto, quella che sì, distrusse le lettere dell'amica ma le aveva tutte in testa, quella testolina che pensava e agiva da femminista incallita.

Una valanga di rozza impetuosità che fece impallidire le antifemministe del suo tempo, figurarsi gli uomini: ecco chi era Mary Taylor scalatrice di montagne svizzere ed emigrante in Nuova Zelanda.

Mary parlava tedesco, viaggiava, studiava; studiò a Roe Head, la prima Roe Head, quella della felicità.

Mary Taylor divenne Rose Yorke in *Shirley* e la natura aveva voluto esagerare, sdoppiandola con una sorella minore, Martha, anche lei compagna di quel trio a volte quartetto, perfettamente assortito nelle antitesi.

Di questa piccola valanga abbiamo una lettera indirizzata a Ellen, quando Charlotte aveva già deciso di non tornare a Roe Head.

Cara signorina Nussey,

ho chiesto alla signorina Wooler il permesso di dormire con voi l'anno prossimo se verrete a scuola e approvò, sperando che io ne approfittassi per dei consigli. Alla signorina Susan Ledgard fu chiesto di tornare a casa con noi all'inizio delle vacanze ma preferì andare a casa prima e venire a trovarci al tempo della mietitura, quando spero avremo il piacere di vedervi. Quando la signorina Hall è tornata dal Lincolnshire, è andata a stare con mia sorella e stanno venendo a trovarmi a scuola. Non è ancora sicuro se la sorella verrà a prendere lezioni di disegno il prossimo semestre o no. La signorina Allison, la signorina Hannah Haigh e io andremo al Vicariato il prossimo sabato, dove penso che ci divertiremo molto. Ho chiesto a mamma se la signorina Maria Brooke può venire a casa nostra durante le vacanze e disse che sarebbe stata felice di vederla in ogni occasione. Mi chiedo come andremo avanti il prossimo semestre senza voi e la signorina Brontë. Penso che la classe sembrerà strana senza la signorina Brontë in prima fila. Avrete sentito che il nome preso dalla signorina A. al matrimonio sarà Lady Georgiana Harcourt, sarà una sposa. Sarò molto occupata perché sarò un Clarke e un Footman, una domestica e un gentiluomo.[68] *Per prima cosa correrò in sala da pranzo con la torta della sposa, poi interpreterò il ruolo di impiegata, poi sarò un gentiluomo, e la signorina Hall dice che si arrabbierà se il gentiluomo non chiederà di continuo alle signore di bere vino con lui. Proverò a puntare al premio pulizia, ma temo che se verrete a scuola non sarò in grado di vincerlo. Penso che sentirò moltissimo la mancanza della signorina Brontë, visto che è*

---

[67] Wise-Symington 1933, *op. cit.*, lettera del 17 maggio 1832 (T.d.A.).
[68] Qui Martha allude a una recita che si terrà per il matrimonio Harcourt., tuttavia non si è rintracciata notizia su "Clarke" e "Footman" che resi in maiuscolo indicherebbero dei personaggi precisi.

sempre stata molto gentile con me. Ora devo concludere, e credetemi resto vostra affezionatissima

Martha Taylor

La piccola Martha e la sua tenera letterina, coi nomi delle compagne, che rispettosamente chiamava "signorine" e una recita da preparare... Martha-Miss Boisterous (la signorina Chiacchierona) morirà di colera nove anni dopo a Bruxelles e lascerà un gran vuoto in tutte. La sorella maggiore Mary però reagì in modo esemplare.

Mary l'indisciplinata e l'intollerante. Mary se doveva obiettare, obiettava, se si doveva ribellare, si ribellava, se c'era qualcosa da dire mandavano avanti lei. Una così non poteva non finire in un romanzo, anche se il meno potente di Charlotte, sebbene quello che più degli altri si ispirò a fatti e persone della realtà circostante. Mary Taylor diventò Rose Yorke: non fa niente se Charlotte aveva dichiarato che la gente non doveva pensare che starle vicino significasse finire nei suoi romanzi... Mary doveva avere un posto d'onore:

"(...) *Il mondo intero non è così grande paragonato con l'intero creato: devo vedere fuori almeno. (...) Sono convinta che la mia vita sarà una vita (...) e non un lento andare verso la morte come voi*".[69]

Parole di Mary, senza dubbio. Mary era il dionisiaco freudiano dell'apollinea Ellen, istinto contro ragione, amiche perfette, dove *in medio stat virtus*: Charlotte.

Questa Mary, Mad Pag, come la chiamava Charlotte, fu dunque una delle chiare fonti di ispirazione per luoghi e persone nella scrittura charlottiana. Di Rose Yorke l'abbiamo

---

[69] C. Brontë, *Shirley*, Wordsworth Classics, Ware, 2009, cap. XXIII (T.d.A.).

detto, aggiungiamo qualcosa sulla sua casa, la Red House di Gomersal che ispirò la Briarmains di *Shirley*. All'ingresso aveva tende bianche e nere e un arco che introduceva alle scale; il salotto era nel retro, dove c'erano le vetrate:

"Alcune finestre erano illuminate. Quelle del pianterreno erano velate da tende che nascondevano l'interno e parzialmente oscuravano lo splendore delle candele, ma non attutivano del tutto il suono delle voci e delle risate. (…) le sue finestre, che danno sul prato – si farebbero ammirare per le vetrate dipinte: porpora e ambra le sfumature predominanti, che splendono attorno ai medaglioni rappresentanti il volto soave di William Shakespeare e quello sereno di John Milton".[70]

Le scale che portavano al piano di sopra, si aprivano a un corridoio con le camere da letto e un passaggio arcuato sul retro, dove Charlotte immaginò il ricovero di Robert Moore, uno dei protagonisti delle vicende di *Shirley*. La secca Mary leggendo questo brano le disse: *"Comunque lo hai messo nella camera del domestico"*.[71] Secca!

Il padre di Mary fu trasposto in Hiram Yorke e tanto a Charlotte piaceva quell'uomo che lo ritroviamo anche nel signor Hunsden de *Il professore*.

Molto di *Shirley* è dunque costruito sui Taylor.

"Prendiamo la famiglia Yorke nel suo insieme: c'è in quelle sei giovani teste tanta capacità mentale, tanta originalità e vigore d'intelletto che – dividendo il tutto in sei altri giovani di una comune covata – ognuno risulterebbe ben superiore alla media. Yorke lo sa ed è fiero dei suoi figli. Nello Yorkshire ci sono famiglie del genere, qua e là nella brughiera o sulle colline: gente autentica, viva, vigorosa; di buon sangue e

---

[70] C. Brontë, *Shirley*, Fazi Editore, Roma 2015, cap. IX, p. 155 sgg.
[71] Wise-Symington 1933, *op. cit.*, lettera del 13 agosto 1850.

buon cervello, turbolenta per orgoglio di sé, talvolta intrattabile per la gran forza innata; gente che tuttavia manca di raffinatezza di cure, di controllo, ma solida, coraggiosa, di buona razza, come l'aquila delle scogliere o il destriero della steppa".[72]

Mary, come le amiche, non aveva intenzione di sposarsi. William Weightman, il reverendo bello, elegante, signorile e corteggiatore delle sorelline Anne e Charlotte, la credé pazza. Branwell ne fu attratto al punto da respingerla, era lei l'uomo della situazione al grido di "Women's Right". Indomita e indomabile. Mary avrebbe spaventato qualsiasi uomo…

"Ma Rose ha una mente aperta, già fittamente seminata di idee che la madre non immagina neppure. Ed è una gran tortura, per la piccola Rose, quando quelle sue idee vengono represse o calpestate. Non si è mai ribellata, ma se la governano troppo duramente, presto o tardi lo farà, una volta per tutte".[73]

E lo fece, alla morte del padre, per non sentire più la lamentosa madre.

Nel marzo 1845, scontenta del solo girovagare tra Inghilterra e Germania senza scopi, Mary decise di andare in Nuova Zelanda.

"La quieta fanciullina dello Yorkshire è diventata un'emigrante, vive in qualche lontana regione dell'emisfero australe. Tornerà mai in patria?"[74]

---

[72] *Shirley, op. cit.*, p. 161.
[73] *Shirley* 2015, *op. cit.* p. 158.
[74] *Ivi*, p. 159.

"Quieta fanciullina" sarà una svista... Mary aiutò il fratello nell'attività commerciale, diede lezioni di piano e si arrabbiò quando Charlotte le confessò il suo sacrificio domestico legato alla famiglia. Non che Mary la stesse spingendo a sposarsi, ma nemmeno voleva vederla sepolta in quella Canonica a fare la "nurse"... come suona delicato in inglese... a fare la badante, come suona più drastico in italiano. La sua indignazione non si fermò nemmeno davanti all'amica più cara, specie se questa ne era la causa. Se Ellen presumiamo si rivolgesse a Charlotte con parole dolci, Mary non si fece scrupoli ad affondare pesantemente:

"Ho letto degli estratti di 'Shirley' in cui parli delle donne al lavoro. A questo primo dovere, questa grande necessità tu sembri pensare che la donna debba concedersi – se abbandonasse l'idea del matrimonio e non si rendesse sgradevole all'altro sesso. Sei una codarda e una traditrice. Una donna che lavora è migliore di una che non lo fa e una donna che non sia ricca e che ancora non guadagna denaro e non desidera farlo, è colpevole di un grande errore, quasi un crimine, un abbandono del rispetto che conduce rapidamente e quasi certamente a tutti i livelli della degradazione. (...) Lavoro o degradazione sono il destino di tutti, eccetto per un piccolissimo numero di persone nate ricche"[75].

Mary non poteva accettare che Charlotte si sacrificasse per non lasciare solo il padre, specie quando le morirono tutti i fratelli. Non ammetteva che l'amica si consumasse a casa stirare, lavare e tossire. Ma Charlotte oltre a essere quasi obbligata a farlo, sentiva il dovere di restare. Forse sapeva che non avrebbe avuto fortuna altrove. Si affidò al destino di vivere giorno per giorno, pensare al futuro era come

---

[75] Wise-Symington 1933, *op. cit.*, lettera del 25 aprile 1850.

guardare in un pozzo profondo, nero e vuoto. Tutti combatterono la vita di ogni giorno e per la vita di ogni giorno, con pochi soldi che si fecero bastare e tanti guai che non bastavano mai. Charlotte accettò tutto fino alla maturità, tanto a trentacinque anni suonati, chi poteva mai bussare alla sua porta con un mazzo di fiori?

Nel 1859 Mary lasciò Wellington per tornare a Gomersal e scrisse *The First duty of Women*, una serie di articoli pubblicati sul *Victoria Magazine*. Ma se pensate che questo bastò a sedare quella scalmanata, vi sbagliate. La sua missione era appena cominciata.

Se viaggiare era una delle sue passioni, perché non mettere per iscritto quelle esperienze? E dunque *Swiss Notes by Five Ladies*, la scalata delle Alpi in compagnia di altre quattro signorine perbene (quando non litigavano con viaggiatrici francesi), fu il secondo dei suoi scritti, firmandosi Frau Mutter. Imperiosa.

Mary archiviò, dunque, tre opere e di tre generi diversi: giornalismo attivista e sociale (*The First duty of Women*), resoconto di viaggio (*Swiss Notes*), romanzo (*Miss Miles*). Ognuno aveva un messaggio molto chiaro. Immaginiamola urlarlo al creato femminile: donne, svegliatevi, vivete! Mary Wollstoncraft ha scritto un saggio femminista per farci capire quanto penosa sia la nostra situazione![76] Ve lo ripeto, in caso non fosse arrivato il messaggio: Viviamo! Pensiamo! Parliamo!

Anche Mary fu contattata per un ricordo dell'amica scomparsa. L'unica lettera che le rimase di Charlotte è del 4 settembre 1848, insieme a due racconti sui periodi di Roe Head, concessi alla penna di Elizabeth Gaskell.

------

76 *A Vindication of the Rights of Woman*, 1792.

Primo ricordo di Mary[77]

"*La vidi la prima volta scendere da una carrozza coperta, in abiti molto fuori moda, con l'aria infreddolita e molto miserevole. Stava venendo alla scuola della signorina Wooler. Quando comparve in classe si era cambiata i vestiti, ma anche quelli erano datati. Sembrava una donnina anziana, così miope che pareva sempre cercare qualcosa muovendo la testa da un lato all'altro per dare un'occhiata. Era molto timida e nervosa e parlava con un forte accento irlandese. Quando le veniva dato un libro ci calava la testa sopra fino al naso, quasi a toccarlo, e quando le veniva detto di alzare la testa, il libro saliva con lei sempre vicino al naso, così non si poteva fare altro che ridere.*

La ritenemmo molto ignorante, poiché non conosceva affatto la grammatica e pochissimo la geografia.

Ci sconcertò perché invece conosceva cose totalmente fuori dalla nostra portata. Aveva familiarità con la maggior parte delle poesie che avevamo imparato a memoria, ce ne diceva gli autori, i poemi dai quali erano estratte, talvolta ripeteva una o due pagine e ci raccontava la trama. Aveva l'abitudine di scrivere in corsivo e diceva di averlo imparato scrivendo sul loro giornale[78]. Creavano un "giornale" una volta al mese, volevano che sembrasse il più simile a una stampa. Ci raccontò delle storie che conteneva. Nessun altro vi scriveva e nessuno lo leggeva, se non lei stessa, suo fratello e le sue sorelle. Promise di mostrarmelo ma poi ci ripensò, e non fu mai persuasa a farlo. Nelle ore di gioco, se possibile sedeva o stava in piedi con un libro. Qualcuna di noi una volta la incoraggiò a giocare a palla. Disse che non aveva mai giocato e che non poteva. La facemmo provare, ma subito scoprimmo che

---

[77] Estratto dalla lettera che Mary inviò a Elizabeth Gaskell il 18 gennaio 1856 (un anno dopo la morte di Charlotte), dalla Nuova Zelanda, cfr. Wise-Symington 1933, *op. cit.*, p. 89 (T.d.A.).

[78] Insieme ai fratelli, in particolare Branwell, Charlotte scriveva sullo *Young Men's Magazine*, giornale di loro invenzione impostato sul modello del *Blackwood's Magazine* che arrivava regolarmente in casa Brontë.

non vedeva la palla, così la lasciammo stare. Considerava tutte le nostre azioni con docile indifferenza e sembrava sempre non aver bisogno di ulteriori decisioni per dire "no" a tutto. Soleva stare sotto gli alberi in giardino e diceva che era piacevole. Si sforzava di spiegarlo, le ombre, le occhiate furtive al cielo, ecc. Non capivamo molto. Diceva che a Cowan Bridge era solita stava presso il torrente, su una pietra, a guardare l'acqua scorrere. Le dissi che avrebbe dovuto pescare, disse che non le andava. Mostrava sempre fiacchezza in tutto. Non mangiava carne animale a scuola. Più o meno a quel tempo le dissi che era veramente brutta. Qualche anno dopo le dissi che pensavo di essere stata molto impertinente. Rispose: "Mi hai fatto un gran favore, Polly, quindi non pentirtene". Disegnava benissimo e più rapidamente di quanto avessi mai visto prima e conosceva molti pittori e dipinti famosi. Se le si offriva l'occasione di esaminare un dipinto o una scultura di qualsiasi genere, scorreva lo sguardo poco a poco sul foglio, osservandolo così a lungo che dovevamo chiederle "cosa vi vedesse". Vi vedeva di tutto e lo spiegava benissimo. Scriveva poesie e disegnava cose interessantissime; fu allora che presi l'abitudine, che ho ancora, di far riferimento sempre alla sua opinione su ogni argomento in proposito e a molti altri, convincendomi a descriverle tali e tali cose, finché trasalii ricordando di non poterlo fare più.

Eravamo delle politiche furiose, come chi non poteva essere altrimenti nel 1832. Conosceva i nomi dei due ministri, quello che si era dimesso e quello che l'aveva succeduto e aveva approvato il Decreto sulla Riforma. Ella sosteneva il Duca di Wellington[79] ma diceva che non si doveva aver fiducia di Sir Robert Peel[80], non agiva per principio, come gli altri, ma per scappatoie. Essendo io una fervente sostenitrice del partito Radicale, le dissi: "Come possono aver fiducia l'un l'altro? Sono tutti furfanti!" Allora lei si lanciava in proclami sul Duca di Wellington, parlando delle sue gesta; non potevo controbatterle, visto che

---

[79] Arthur Wellesley (1769-1852), generale e politico irlandese.
[80] Robert Peel (1809-1850), politico inglese conservatore.

non sapevo nulla di lui. Disse che si interessava di politica da quando aveva cinque anni. Non si era fatta un'opinione sulla scia del padre, cioè non direttamente, ma dai giornali ecc. che lui preferiva.

Soleva parlare delle due sorelle più grandi, Maria ed Elizabeth che morirono a Cowan Bridge. Le considerai dei meravigliosi esempi di gentilezza. Un mattino mi disse che aveva sognato di essere desiderata in salotto e c'erano Maria ed Elizabeth. Avidamente le dissi di continuare e disse che non c'era molto altro. Risposi: "Continua! Inventa! So che puoi". Disse che non poteva, non voleva, perché il sogno non proseguiva bene, le sorelle erano cambiate, avevano dimenticato quel che solitamente amavano. Erano vestite alla moda, criticavano la stanza, ecc.

Quest'abitudine di "inventare" i propri interessi, cosa che molti bambini fanno non avendone nel quotidiano, era molto forte in lei. L'intera famiglia soleva "inventare" storie, personaggi ed eventi. Le dissi che erano come patate maturate in cantina. Disse tristemente: "Sì! So che lo siamo!"

Qualcuno a scuola disse che lei "parlava sempre di gente intelligente – Johnson, Sheridan[81]*" ecc. Rispose: "Non conoscete il significato di 'intelligente'. Sheridan dovrebbe esserlo, sì, Sheridan era intelligente, sono spesso dei furfanti, ma Johnson non ha un barlume di intelligenza". Nessuno apprezzò l'opinione, ci fu qualche triviale commento sull'intelligenza e lei non disse altro.*

Questa è l'epitome della sua vita. A casa nostra ebbe l'opportunità di essere solo un'ascoltatrice paziente, perché non eravamo molto tolleranti con le compagne di scuola. Avevamo un'avversione per la pratica e ridevamo della poesia con sdegno. Né lei né noi avevamo idea che le nostre opinioni erano quelle di ogni persona sensibile e ci stupivamo l'un l'altra ad ogni frase... A scuola Charlotte non aveva progetti per il futuro oltre le circostanze adatte a lei. Sapeva che doveva

---

[81] Samuel Johnson (1709-1784), poeta inglese; Richard B. Sheridan (1751-1816), politico irlandese.

provvedere a se stessa e scegliere un'istruzione; al fine scelse. Anche a scuola era motivata dall'idea di un costante miglioramento di se stessa. Lo faceva per coltivare i suoi interessi. Diceva sempre che con una adeguata e dura pratica e con una conoscenza valido sii avanzano nel momento del bisogno, e che la cosa più necessaria era raffinare e addolcire le nostre menti. Coglieva ogni piccola informazione riguardo pittura, scultura, poesia, musica ecc. come se fosse oro".

Il ritratto che ci fornisce Mary non differisce molto da quello di Ellen. Ci conferma la tendenza di Charlotte a non perdere tempo coi giochi: doveva studiare, anche nelle ore libere. Quel continuo studiare la rese prima della classe, le portò l'ammirazione delle compagne, la riconoscevano come di livello diverso.

La lettera inviata alla Gaskell ci fa capire, inoltre, i toni che Mary usava con l'amica: senza mezze misure. Non litigavano sulla politica, si affrontavano come due politici compassati e agguerriti. Questi discorsi erano ossigeno per Charlotte, che a casa si confrontava "politicamente" con Branwell e col padre e quasi fu un sollievo per lei trovare a Roe Head una degna avversaria in Mary.

Il 20 gennaio 1833 Charlotte si trovava a Haworth. Ormai lei ed Ellen avevano intrapreso una fitta corrispondenza. In quelle lettere si dissero quasi tutto, dei loro pensieri, delle loro aspettative, dei desideri infranti e impossibili. Almeno di Charlotte possiamo dire così. Le lettere di Ellen restano un mistero. Nicholls se ne liberò. Se ne può intuire qualche pensiero solo dalle risposte dell'amica. Meno impetuose, per carattere, ma piene di comprensione, sicuramente.

Una lettera di gennaio parla di uno dei tanti inviti che Charlotte le inviò. Il morboso desiderio di incontrarla non le fece risparmiare l'affetto che provava, la persistenza del suo volerla accanto. Dopo numerosi rinvii, Ellen andò a Haworth nell'estate 1833.

Secondo racconto di Ellen[82]
I primi giorni di Charlotte a Haworth

La prima visita di Charlotte da Haworth fu fatta circa tre mesi dopo che lasciò la scuola. Viaggiò in una carrozza a due ruote, l'unica conveniente per Haworth eccetto per quella coperta che la portava a scuola. Il signor Brontë inviò Branwell come scorta; a quel tempo era un carissimo fratello, caro a Charlotte quanto la propria anima; erano in perfetta sintonia di gusti e sentimenti, ed era un piacere reciproco stare insieme.

Branwell probabilmente non si era mai allontanato da casa prima di allora; provò estasi estrema per ogni cosa. Camminò con energico divertimento, gettando lo sguardo in ogni direzione della casa dalle antiche torri, verso gli eleganti castagni nel prato (un albero in particolare lo interessò perché era "ingabbiato"" essendo stato spaccato dalle tempeste, ma ancora fioriva con maestosità), e a una vasta colonia di cornacchie sugli alberi, che faceva da sfondo alla casa − egli notò tutto ciò e lo commentò con assoluto entusiasmo. Disse alla sorella che "la stava lasciando in Paradiso e se non l'avesse vissuto in totale felicità non le sarebbe più successo!" Ella infatti lei fu felice, anche per lui stesso, poiché col proprio entusiasmo, mantenne la grande promessa fatta al talentuoso fratello. A quell'epoca egli aveva tra i quindici e i sedici anni.

La visita trascorse senza molto da sottolineare (a distanza di tempo), eccetto il fatto che furtivamente fuggivamo insieme il più possibile dalla vita domestica. Charlotte amava camminare tra le piante o cercare isolamento nel frutteto; era al sicuro dai visitatori in questi nascondigli. Era così terribilmente timida che non sopportava di essere

---

[82] Pubblicato col titolo di *Charlotte's early life at Haworth*, in Wise-Symington 1933, *op. cit.* pp. 110 sgg.

l'osservata speciale. Un giorno, essendoci a cena un estraneo, ella tremò e quasi scoppiò in lacrime; ma nonostante la sua eccessiva timidezza, spesso un dispiacere per gli altri come per se stessa, ella vinceva il rispetto e l'affetto di tutti quelli che avevano l'occasione di fare la sua conoscenza.

La timidezza di Charlotte non nasceva, sono sicura, da vanità o da consapevolezza, come qualcuno suppose; la sua fonte era (come il signor Arthur Helps dice infatti in uno dei suoi recenti saggi) nel suo "non essere capita". Ella si sentiva divisa dagli altri, non la capivano, e lei fortemente avvertiva la distanza.

La mia prima visita a Haworth fu piena di novità e vivacità. Lo scenario, per miglia prima che raggiungessimo Haworth, era selvatico e incolto, con poca gente. Alla fine arrivammo a quel che sembrava una terribile collina, un declivio così ripido che nessuno poteva pensare di discenderlo a cavallo. Non appena raggiungemmo le pendici di questa collina dovemmo salire di nuovo, su una stretta, rozza, strada pavimentata, tale che le zampe del cavallo sembravano aggrapparsi ai massi come per scalarlo. Quando raggiungemmo la cima del villaggio non c'era apparentemente un'entrata ma ci dirigemmo a un passaggio sufficiente per il calesse. Girammo intorno all'entrata, vedemmo allora la chiesa vicina ed entrammo nel corto viale che conduceva al cancello della canonica. Qui sedeva Charlotte, avendo udito il suono della carrozza in arrivo. Che saluti e presentazioni ci furono! La signorina Branwell (zia dei Brontë) s'impossessò degli ospiti e li trattò con l'attenzione e la sollecitudine dovuta a un viaggiatore stanco. Il signor Brontë emerse dal suo solito ritiro con gentile riguardo, poiché non solo l'ospite ma il servitore e il cavallo dovevano essere messi comodi. Fece domande all'uomo, sul suo lungo servizio, ecc. col cordiale scopo di fare pochi momenti di gradevole conversazione con lui.

Anche a quel tempo, il signor Brontë mi colpì per il suo aspetto molto venerabile, coi capelli bianchi e un poderoso colletto. I suoi modi di parlare e le maniere avevano sempre un tono assai educato e cortese. Era considerato in qualche modo un invalido, viveva sempre nel modo più semplice e sobrio. Il foulard bianco a quel tempo non era così vistoso come quando invecchiò. Aveva l'abitudine di annodarlo da sé. Non vedemmo mai l'operazione ma sempre dovemmo sbrogliare la bianca stoffa di seta che usava. Charlotte disse che era una delle sue stravaganze. Tagliava iarde e iarde di cordini di seta bianca per coprire il foulard e come il dott. Joseph Wolff (rinomato e conosciuto viaggiatore), che durante le lunghe assenze "preferiva una maglia pulita ogni giorno per una settimana, senza toglierne una" così il foulard del signor Brontë fu fatto di seta nuova e taglia nuova senza togliere niente, finché alla fine quasi metà della sua testa era avvolta nel foulard. La sua debolezza ad attacchi bronchiali, senza dubbio, lo legò a questa crescita del foulard.

La signorina Branwell, loro zia, era una piccola, antiquata signorina. Indossava cappelli larghi più del normale rispetto alla moda attuale e dalla fronte scendevano riccioli castano chiaro ramato. Vestiva sempre di seta. Era inorridita dal clima del nord e dai pavimenti di pietra della canonica. Ci divertiva schioccando con gli zoccoli quando doveva andare in cucina o seguire una faccenda di casa.

Parlava molto dei suoi giorni della gioventù, la gaiezza della città natia, Penzance, in Cornovaglia, il tranquillo, caldo clima ecc. ricordava con rimpianto la vita sociale della giovinezza, dava l'idea di essere stata la belle tra le sue conoscenze. Prendeva tabacco da fiuto da una carinissima scatola dorata, che talvolta presentava con un sorrisino, come se si divertisse dello stupore. D'estate trascorreva parte della serata leggendo a voce alta al signor Brontë, spesso finiva in discussione su ciò che si doveva leggere quando ci si riuniva per il tè. Era molto vivace e intelligente, e incline a discorsi col signor Brontë, senza paura.

"Tabby", la fedele, fidata anziana domestica, aveva un aspetto molto pittoresco, molto attiva e in questi giorni, era il servitore generale e factotum. Eravamo tutti "bimbetti" e "ragazzetti"[83] a parer suo. Ella

---

[83] Nel testo originale "bambini" è reso con "childer" e "ragazzetti" con "bairns" termini in dialetto dello Yorkshire.

si assumeva il compito di passeggiare coi bambini se si allontanavano da casa, a meno che Branwell non fosse mandato dal padre come protettore. Povera "Tabby" nei suoi ultimi giorni, dopo che fu attaccata da paralisi, sembrava ansiosa di assolvere quei doveri come quando era ancora capace. Sul postino poneva la sua speciale attenzione. Non approvava che il giovane sbirciasse le sue spedizioni. Ella gelosamente se ne impossessava quando poteva e le portava via con passo zoppicante e scuotendo testa e mano, affidandole a Charlotte.

A quel tempo Emily Brontë aveva acquisito un'agile e graziosa figura. Era la più alta di casa, eccetto del padre. I capelli, che erano naturalmente belli come quelli di Charlotte, erano ugualmente inadatti ai riccioli e c'era la stessa mancanza di colorito. Aveva bellissimi occhi, gentili, accesi e limpidi, ma raramente ti guardava: era molto riservata. Il colore si sarebbe detto grigio scuro, ad altri parevano blu scuri, variavano. Parlava pochissimo. Lei e Anne erano come gemelle, compagne inseparabili, e in una strettissima sintonia che non si interrompeva mai.

Anne la cara, Anne la gentile, era abbastanza diversa nell'aspetto dalle altre. Era la preferita della zia. I capelli di un castano chiaro, le cadevano sul collo in graziosi riccioli. Aveva amabili occhi blu violacei, sopracciglia sottilmente disegnate, e chiare, carnagione quasi trasparente. Seguiva i suoi studi e specialmente il cucito, sotto la sorveglianza della zia. Emily aveva iniziato ad avere il suo tempo libero.

Branwell studiava regolarmente col padre, e soleva dipingere a olio, fu considerato come studio per una sua eventuale professione. Tutta la casa era presa dall'idea di questo divenire artista e sperava di che potesse distinguersi.

Il tempo buono e favorevole permetteva deliziose passeggiate nella brughiera e giù in valli e burroni che qua e là rompevano la monotonia del paesaggio. Robuste sponde e torrenti increspati erano i tesori del piacere. Emily, Anne e Branwell solevano guadare i ruscelli e talvolta creavano dei percorsi per gli altri, c'era sempre un persistente piacere in questi sport, ogni muschio, ogni fiore, ogni tinta e forma, erano annotate e godute specialmente da Emily, che provava un gaio piacere in questi angolini di bellezza, la sua risorsa che col tempo svanì. In quei primi giorni fu fatta una lunga camminata per la brughiera, in un luogo familiare a Emily e Anne, che chiamavano "L'Incontro delle Acque". Era una piccola oasi, spazzata qua e là da piccole chiare fonti, poche grandi pietre servivano come luogo di riposo, sedute là, eravamo nascoste al mondo, niente si vedeva per miglia e miglia di erica, un glorioso cielo blu, un sole luminoso. Una fresca brezza soffiava su di noi il suo piacevole effluvio, ridevamo e ci rallegravamo reciprocamente e pronte a chiamarci il quartetto. Emily, mezza sdraiata su una lastra di pietra, giocava come una bambina coi girini in acqua, facendoli nuotare e poi moralizzando sul forte e sul debole, sul coraggioso e sul codardo, quando li inseguiva con la mano. Sulla sua giovinezza e sul suo ottimismo non gravò fino ad allora il lato oscuro della natura, i cui più semplici doni erano fonti di piacere e divertimento.

L'interno dell'attuale famosa canonica mancava di tende di ogni genere. L'orrore del signor Brontë per il fuoco proibiva le tende alle finestre, non avevano mai avuto questi accessori per comodità e figura finché poi Charlotte rimase la sola della famiglia in salotto. Allora ella tentò l'innovazione quando la sua amica era con lei. Non fece piacere al padre, ma non fu proibito.

Non c'erano molti tappeti tranne che nel salotto e sul pavimento dello studio. La pavimentazione della sala e le scale era di arenaria, sempre pulita, come tutto in casa, i muri erano senza carta da parati ma di una graziosa tinta color colomba, come le sedie reclinabili e i tavoli di mogano, mensole nello studio e non molte altre altrove. Il vuoto, molti diranno, che non era tuttavia fine a se stesso. Intelletto e pensiero, dissi io quasi eleganza, certamente raffinatezza, erano sparsi ovunque e non facevano davvero mancare niente.

Un po' più tardi fu aggiunto un pianoforte. Emily, dopo qualche prova, suonò con precisione e brillantezza. Anche Anne suonava, ma preferiva armonie dolci e orecchiabili. Cantava un po', la sua voce era debole, ma molto dolce.

112

La salute del signor Brontë lo obbligava a ritirarsi presto. Alle otto radunava la famiglia per pregare, alle nove chiudeva a chiave la porta principale, sempre dando, quando passava dal soggiorno, una gentile ammonizione ai "bambini" di non fare tardi; a metà strada sulle cale caricava l'orologio, l'orologio che nei giorni a venire sembrava suonare l'inno del ritornello del poema di Longfellow, "The Old Clock on the Stairs"[84]:

"Per sempre – mai!
Mai – per sempre!"

Ogni mattina si sentiva un colpo di pistola dalla finestra del signor Brontë, era lo scarico dell'arma che faceva ogni sera. I gusti del signor Brontë lo portarono al piacere di leggere scene di battaglia e a seguire la guerra; se avesse prestato servizio militare invece che ecclesiastico, forse avrebbe fatto una distinta carriera. Avrebbe gradito in pieno l'abnegazione e le privazioni della vita da campo, vista la sua natura notevolmente indipendente dal lusso e dalle comodità della vita. L'unica paura che aveva era il fuoco, *e questa paura era così intensa che proibì ogni tipo di abito alle figlie che non fosse di seta e lana, infatti per chiunque vestire ogni altro tipo di tessuto significava quasi perdere il suo rispetto.*

Il signor Brontë a volte raccontava strane storie che aveva sentito da qualche anziano abitante della parrocchia, su vite straordinarie e fatti di genti che avevano vissuto lontano, fuori mano, ma presso Haworth, storie che facevano tremare e stringersi al sentirle, ma interessavamo molto più le figlie per il severo umorismo, rivelando le caratteristiche di una parte della razza umana, che Emily stereotipò in Cime tempestose.

Durante il governo della signorina Branwell alla canonica, l'amore per gli animali doveva essere preso in giusta considerazione. C'era solo

---

[84] Henry Wadsworth Longfellow (1807-1882), poeta americano.

un cane che veniva ammesso in salotto in ore precise. Emily e Anne sempre davano loro un po' della propria colazione, che era, a loro scelta, la dieta del vecchio nord a base di farina d'avena e porridge. Più tardi, ci furono altri tre cuccioli, il fulvo, forzuto Keeper, il preferito di Emily era totalmente sotto il suo controllo, poteva facilmente farlo saltare e ruggire come un leone. Gli insegnò questo tipo di gioco liberamente senza forzare. "Flossy", dal lungo pelo setoso, bianco e nero era il preferito di Anne e il nero Tom, il tigrato, preferito di tutti. Ricevette un trattamento gentile che sembrava aver perso la natura di un gatto, e sprofondò nel lusso e nella contentezza. L'amore dei Brontë per le creature li rese sensibili al trattamento che riservavano loro. Per chiunque offendere questo rispetto era un cattivo segno e una macchia sul comportamento.

Gli offici della chiesa in quei giorni erano come quelli che si possono vedere solo (se possibile) in località come Haworth. La gente si riuniva ma solo apparentemente ascoltava. Ogni altra cosa oltre quella non era tenuta in conto. Sulla maggioranza dei volti di chi pregava c'era uno sguardo distaccato di fissa apatia. Sedevano là, o sulle panche, qualcuno forse riposava, dopo una lunga camminata nella brughiera. I bambini, molti dei quali in zoccoli o sabot picchiettavano dalla scuola dopo che la messa era iniziata, e uscivano prima del sermone. Il sagrestano, con un lungo bastone, camminava continuamente tra le navate colpendo chi osava dormire, scuotendo la testa e minacciando i bambini ribelli; ma quando il sermone iniziava si cambiava. Una rustica, incolta intelligenza accendeva i loro volti, in qualcuno con un audace, dubbioso, interrogativo sguardo, come se volessero ribellarsi con un'obiezione. Il signor Brontë si rivolgeva sempre ai suoi ascoltatori con stile improvvisato. Molto spesso selezionava una parabola dai Vangeli, che spiegava nei modi più semplici, talvolta ritoccandone le parole e spiegandole, così che fosse perfettamente comprensibile ai più ottusi.

I parrocchiani rispettavano il signor Brontë perché, come disse uno di loro: "È un grand'uomo, non s'intromette negli affari degli altri". Senza dubbio la conoscenza del signor Brontë della natura umana lo

*fece stare attento al miglior modo da seguire, finché la loro indipendenza
avesse acquisito un più civile livello. C'erano eccezioni, tuttavia tra loro.
Due o tre individui meritavano particolare attenzione – erano uomini
notevoli per cultura e intelligenza. Uno, si diceva, rivaleggiare col signor
Brontë stesso nella sua conoscenza delle lingue antiche. Lui e un altro
avevano, oltre alla loro forza mentale, un fisico robusto e una statura
che li rendevano capaci guardie in tutto il villaggio. Il terzo individuo
era un uomo malaticcio e sofferente, ma scriveva tali critiche sugli scritti
di Charlotte, quando divennero famosi, che fu tenuto in conto più di
ogni altro in merito all'argomento. I cittadini avrebbero gradito parlare
della famiglia della canonica con Tabby; ma Tabby era invincibile e
impenetrabile. Quando le chiedevano "se non fossero terribilmente colti"
ella li lasciava con stizza; ma non negò ai suoi "bimbetti" il sorriso che
sapeva avrebbero avuto nel riferire la domanda del villaggio.*

*Haworth oggi, come molti altri luoghi isolati, ha fatto i suoi passi
avanti, ora ha una stazione ferroviaria e le sue istituzioni per facilitare
l'istruzione, la politica e la letteratura. La canonica è quasi un'altra
abitazione rispetto al passato. Il giardino, che era quasi tutto erboso, e
possedeva solo pochi striminziti cespugli spinosi, e pochi cespugli che
Emily e Anne tenevano come il loro tesoro di giardino fruttifico, ora è
una perfetta Arcadia di colture floreali e bellezza. Dapprima il
cambiamento, nonostante i miglioramenti, colpì al cuore e al rimorso;
poiché è quasi impossibile, anche con l'immaginazione, non popolare
quelle stanze dei loro primi abitanti. Ma col senno di poi mostra la
follia di questo rimpianto; poiché ciò che i Brontë curavano e vivevano
maggiormente, era la natura intorno, le colline e i monti che si
estendevano liberi, l'erica viola, le vallette, e le gole, e i ruscelli, il cielo
spazioso, il vento sussurrante, le distese di neve, i cieli stellati, e il
fascino di quella solitudine e quell'isolamento che vedono cose lontane,
senza che l'atmosfera sia disturbata da ciò che menti minori possono
creare. Non fu l'isolamento di una persona* solitaria, *come Charlotte
nei suoi ultimi giorni, che col tempo divenne terribilmente oppressivo e*

ingiurioso. Erano la solitudine e l'isolamento condivisi e goduti con compagnia intelligente e intenso affetto familiare".

Questo secondo ritratto di famiglia viene dato quando Charlotte aveva diciassette anni. A quell'epoca le ragazze erano già donne e padrone di casa.

Le uscite nella brughiera, le sere al fuoco del camino, il Reverendo che sale le scale e carica l'orologio sono fotografie di una vita normale. La straordinarietà del luogo e delle persone è in loro stessi: quei ragazzi crearono una parte di *Angria* e *Gondal* sotto gli occhi di Ellen, che quasi non era cosciente della portata dell'evento. Vita di casa e vita di chiesa. Vicine. La chiesa di S. Michele e tutti i Santi era lì, accanto alla Canonica, ove il Reverendo Patrick doveva parlare a una popolazione con parole semplici. Città di lavoratori non certo di letterati. Città di fabbriche, di uomini con le mani indurite dalla fatica, cosa se ne facevano di un dotto oratore che li ammoniva con le Sacre Scritture? No. Il Reverendo Patrick, uomo di cultura, parlava con linguaggio semplice e immediato, con metafore comprensibili a tutti, anche se quei tutti ogni tanto si addormentavano durante i sermoni...

Come suona malinconico, nostalgico, l'ultimo passaggio in cui la cara Ellen non riesce a immaginare quella Canonica senza più nessuno dei suoi amici, ora abitata da altre persone... il giardino diverso da come lo aveva conosciuto... la brughiera, uguale eppure essa stessa diversa... ora che era abitata dagli spiriti dei Brontë, dalla sua Charlotte, che sembra adattarsi meravigliosamente a una fusione poetica di John Keats ed E.A. Poe:

"La mia solitudine è sublime… il ruggito del vento è la mia sposa e le stelle attraverso i vetri della finestra sono i miei figli"[85]

"E tutto quel che ho amato, da solo io l'ho amato"[86]

Il secondo intervento di Mary è ancora legato alla costruzione dell'opera di Elizabeth Gaskell. La biografia sembrava non poter evitare le uniche due voci attendibili, che ricordavano la Charlotte dei tempi di Roe Head.

Secondo ricordo di Mary[87]

"Ho sentito che andò come insegnante dalla signorina Wooler. Andai a trovarla e chiesi come potesse farlo per così poco denaro, quando poteva evitarlo. Le servivano i vestiti per se stessa e per Anne, non c'era altro da fare, sebbene sperasse di poter risparmiare qualcosa. Confermò che l'idea non era brillante, ma che poteva fare? Non fui in grado di rispondere. Sembrava non provare interesse o piacere oltre alla consapevolezza del dovere e quando aveva l'occasione, sedeva sola a "fare il punto". Mi disse in seguito che una sera sedette nello spogliatoio finché si fece buio, e allora di colpo ebbe paura. Da allora i suoi sogni divennero macabri e spaventosi, non poteva farci niente, nemmeno pensare. Non poteva dimenticare il buio, non dormiva la notte, né essere utile di giorno.

Mi disse che una notte, sedendo sola, sentì una voce ripetere questi versi:

---

[85] Lettera a George e Georgiana Keats del 14-31 ottobre 1818, in M. Buxton Forman (a cura di), *The letters of John Keats*, Oxford University Press, London 1952, p. 228 sgg.

[86] E. A. Poe, *Alone* (1829) pbblicata sullo Scribner's Monthly, settembre 1871.

[87] Wise-Symington 1933, *op. cit.*, p. 136, (T.d.A.).

Vieni, tu, alto e sacro sentimento
brilla sui monti, sorvola le onde,
brilla come lampo sulla casa dei verdi pascoli

C'erano altre otto o dieci righe che ora ho dimenticato. Insistette che non fossero sue, che le udì ripeterle da una voce. Non sono nel volume di poesie che pubblicarono le sorelle. Ripeté un verso di Isaia, che disse la ispirò, e che ho dimenticato. Se i versi erano ricordati o inventati, il racconto conferma abitudini di sedentaria, monotona solitudine di pensiero quali avrebbero agitato una mente più debole.

Il poema di Cowper The Castaway *era conosciuto da tutti loro, e lo apprezzavano ogni volta, o ne erano conquistati. Charlotte mi disse una volta che a Branwell era successo, e sebbene la sua depressione fosse il risultato di quegli errori, non era in nessun altro aspetto diverso da lei. Entrambi erano non mentalmente ma fisicamente malati. Lei lo sapeva e chiedeva come risolvere quei problemi, perché il sentimento fosse lo stesso, e non si potesse rimuovere una volta conosciuta la causa. Aveva maggiore tolleranza religiosa di chi non aveva mai dubitato e il suo modo di sostenere la religione era sempre quello di offrire conforto, non obbligare fortemente a un dovere. Una volta dissi che qualcuno mi aveva chiesto di quale religione fossi (col proposito di prendermi per una sostenitrice) e dissi che era una cosa tra me e Dio. Emily (che stava sul tappeto davanti al camino) esclamò: "È giusto". Questo è quanto ho mai sentito dire da Emily in fatto di religione. Quando era in buona salute Charlotte non cadeva nella depressione religiosa, ma se questa mancava, la sua depressione tornava. Avete probabilmente visto molti esempi. Non guarivano dalle loro difficoltà. Le dimenticavano quando il loro stomaco (o un altro organo che infligge tale miseria negli immobili) glielo permetteva. Ho sentito la sua condanna al socinianesimo[88],*

---

[88] Corrente religiosa nata dall'italiano Socini alla metà del XVIII secolo che negava la preesistenza di Gesù prima di nascere e dunque la sua divinità.

calvinismo e molti altri "ismi" inconsistenti che con la Chiesa dell'Inghilterranesimo solevo stupirmi alla sua conoscenza di simili argomenti".

Ellen, Mary e Charlotte. Avremmo voluto vederle indivisibili, ma la vita spesso si prende il disturbo di opporsi ai nostri desideri. Le divise. Rimasero unite in quel sacro rituale epistolare che per noi ha un sapore romantico, di carta giallina, di inchiostro nero che macchia le dita, che gocciola sul foglio mentre si pensa a cosa scrivere e a scriverlo risparmiando spazio, finanche a incrociare la scrittura per spedire un foglio solo, perché le buste a quell'epoca non esistevano. Il foglio stesso era la busta, piegato e timbrato[89]. Era il tempo di una scrittura che faceva vivere il pensiero… quella scrittura… attraversò mezzo mondo, verso la Nuova Zelanda. Non possiamo perdonare a Mary per aver distrutto quelle lettere. Forse fu un atto di amicizia estremo o l'egoismo di volere solo per sé le confessioni dell'amica. Perché questo furono le lettere "zelandesi": uno sfogo senza freni. A Mary si poteva dire tutto con franchezza, mentre a Ellen si diceva tutto con eleganza e amore. Due modi diversi di scrivere lo stesso pensiero, prezioso quanto il singolare diario che stiamo per conoscere, ma prima…

---

[89] La scrittura incrociata produsse le cosiddette "crossed letter", cfr. B. Whitehead, *Charlotte Brontë and her "dearest Nell". The story of a friendship*, Smith Settle Ltd, Otley, 1993, p. 41.

Ellen Nussey.

Mary Taylor.

V.

Le lettere confessano

Un mondo in miniatura. Piccola lei, piccole le sue cose, i vestitini, i merlettini, gli occhialini, i piccoli carré del signor Conté di Parigi[90] i pennellini, i disegnini. Grandi i pensieri. Troppo grandi per essere relegati a romanzi che non sapeva a quale destino consegnare, tanto più che ancora li doveva scrivere. Troppo grandi anche per concentrare poderose immagini in poesie che a fatica si separavano dal mondo di *Angria*. Così Charlotte sfruttò tutte le forme scrittorie offerte alla capacità umana. L'apprezziamo come sublime romanziera, anche discreta poetessa, non maestosa come Emily, ma si difese bene, e poi dobbiamo ammirarla per un epistolario come pochi ci vengono offerti dalle grandi donne del passato.

Le lettere non hanno trama da seguire o regole metriche da rispettare, le lettere sono libertà di espressione, al massimo, oltre il limite, oltre il limite massimo del linguaggio affettuoso. Le lettere sono quella parte del nostro intimo diario che vogliamo condividere con chi amiamo, anche se poi, le lettere che qui leggerete non hanno più risposta, ognuna la crediamo estinta nelle fiamme di un camino:

---

[90] Nicolas Jacques Conté fu uno dei maggiori produttori di strumenti da disegno coi materiali più innovativi. Negli studi della Barker si dice che Charlotte usava i *drawing sticks*, ossia i *carrés* che oggi sono prodotti dalla Ditta Conté à Paris.

"Quando leggiamo un bel pensiero, quando udiamo qualcosa che ci colpisce, lo notiamo volentieri nel nostro diario. Ma come diventeremmo ricchi, se ci dessim anche la pena di trascrivere dalle lettere dei nostri amici certe osservazioni singolari, certe idee originali, certi fuggevoli tratti di spirito! Noi conserviamo le lettere, per non rileggerle più; finché un giorno le distruggiamo per discrezione; e così sparisce irrevocabilmente per noi e per gli altri un soffio di vita, che è fra i più belli, fra i più immediati".[91]

In questo breve capitolo vi proponiamo otto lettere in sequenza ininterrotta del periodo di Roe Head indirizzate a Ellen Nussey. È difficile comprendere Charlotte senza entrare nel suo privato, in quella folle testa lettera-maniaca, letteromane, letteropatica, come avrebbe detto lei stessa che di parole se ne era inventate tante. Anni e anni di lettere, la forma più vera e sincera (anche se a volte ha mentito!) in cui troviamo le fondamenta che poi la eressero a combattente della vita, al suo essere e non essere le sue eroine, anni che sono tutti concentrati in una meravigliosa quanto drastica verità rivelata da Schopenhauer:

"La solitudine è il destino di tutti gli spiriti eccelsi: sospireranno talvolta, ma la sceglieranno sempre come il minore dei mali"[92]

Charlotte era sola. Si sentiva sola a Roe Head e per paradosso anche a casa, anche se c'erano Anne, Emily e Branwell. Perché lei aveva una terribile dote, quella ancora schopenhaueriana che osserveremo materialmente anni

---

[91] Goethe 1991, *op. cit.*, p. 287.
[92] A. Schopenhauer, *La saggezza della vita*, Newton Compton Editori, Roma 2012, ed. ebook.

dopo, tra le menti letterarie londinesi, ossia *"il saper stare in certa misura solo anche in compagnia"*[93].

La sua libertà di ragazza è ricamata nelle pagine destinate soprattutto a Ellen. Allora questo estratto dell'epistolario di Roe Head, iniziato nel suo tempo di ragazzina, cresciuto nel suo tempo di signorina, ci accompagna dove lei certo non avrebbe mai immaginato di farci strada, in se stessa. E l'inizio è estremamente ossequioso e rispettoso, diplomatico e istituzionale, nel rivolgersi a una sua pari, per poi darsi tutta, nell'intimità del pensiero e del sentimento.

Roe Head, 11 maggio 1831[94]

Cara Ellen,

colgo la prima occasione per ringraziarvi della lettera che mi avete accordato la settimana scorsa, e per scusarmi di aver trascurato così a lungo di scrivervi, infatti credo che questa sia la prima lettera o messaggio che vi abbia inviato. Mi sento estremamente obbligata verso vostra sorella per il suo gentile invito, e vi assicuro che avrei gradito molto ascoltare le conferenze del signor Murray sul Galvanismo[95], *visto che senza dubbio sarebbero state divertenti e istruttive. Ma siamo spesso*

---

[93] *Ibidem.*

[94] Datazione esatta secondo J. Barker. Quando Charlotte ha quindici anni. (T.d.A.). Ancora si rivolge a Ellen col rispetto del "voi".

[95] Corrente di pensiero in medicina, nata dal fisiologo italiano L. Galvani (1737-1798).

costrette a sottometterci al dovere (come la signorina Wooler ha osservato l'altro giorno), e dacché ci sono molti giorni di vacanza in questo semestre, sarebbe sembrato quasi irragionevole chiedere una vacanza extra; inoltre, forse avremmo dovuto prendere prima lezioni, cosicché, considerato tutto, è forse un bene che le circostanze ci abbiano privato di questo piacere.

Credetemi, resto, vostra affezionata amica

Charlotte Brontë

Haworth, 21 luglio 1832[96]

Mia carissima Ellen,
La tua cordiale e interessante lettera mi ha fatto veramente piacere. Dal mio arrivo a casa, ho atteso di sentirti quasi ogni giorno e alla lunga cominciai a disperarmi per l'arrivo di una tanto desiderata lettera. Mi hai chiesto di descrivere il modo in cui ho trascorso ogni giorno da quando ho lasciato la scuola; presto fatto, visto che il racconto di un giorno è il racconto di tutti. Dal mattino alle nove fino alle dodici e trenta, insegno alle mie sorelle a disegnare, dopo pranzo cucio fino all'ora del tè, e dopo il tè leggo, scrivo, faccio qualche lavoretto decorativo, o disegno, come preferisco. Così, in un delizioso, sebbene monotono corso, trascorre la mia vita. Da quando sono a casa, solo due volte sono stata fuori per il tè. Aspettiamo visite questa sera, e martedì prossimo avremo tutte le insegnanti della scuola domenicale per il tè.

---

[96] Charlotte ha già concluso la sua prima esperienza a Roe Head. (T.d.A.).

Da poco mi sono alquanto sorpresa di ricevere una lettera dalla signorina L.S. Brooke, non conteneva novità ma ella si lamentava fortemente "di cose che furono dette di lei dopo che lasciò la scuola". Suppongo che la piccola loquace, amabile Maria le diede un pieno resoconto di tutte quelle storie disgraziate che abbiamo sentito sulla signorina L. Sono estremamente dispiaciuta di sentire delle scomparse della signora Wm. e del signor Caris e non dubito che entrambi quegli individui siano una seria perdita per le rispettive famiglie. Il racconto della tua amica Harriette Caris sulla signorina Isabella Sugden non mi sorprende. Sai che non mi sono fatta un'altissima opinione di lei dal ritratto del suo carattere fatto dalla signorina Hall. Devo sperare, mia carissima, che tornerai a scuola di nuovo per il tuo bene, anche se per il mio, vorrei piuttosto che restassi a casa, dato che avremmo opportunità più frequenti di scriverci. Se i tuoi amici dovessero decidere contro il tuo ritorno a scuola, io so che avresti troppo buon senso e predisposizione per non sforzarti seriamente a migliorare. Le tue doti naturali sono eccellenti, e sotto la direzione di un capace amico giudizioso (e so che ne hai molti), svilupperesti un deciso gusto per la letteratura di classe e anche per la poesia, che invero è inclusa sotto quel termine generico. Sono molto dispiaciuta che non hai spedito i capelli, puoi esser certa, mia carissima, che non avrei permesso una doppia tariffa postale per averli, ma devo offrire la stessa scusa per non inviartene[97]. Mia zia e le mie sorelle ti salutano con affetto. Ricordami gentilmente a tua madre e alle tue sorelle, e accetta le più appassionate espressioni di verace affetto dalla tua vera amica

Charlotte Brontë

P.S. Ricorda la reciproca promessa di scriverci regolarmente. Perdona gli errori di questo orribile scarabocchio. Saluta con affetto le signorine Taylor quando le vedrai. Addio mia cara, cara, cara *Ellen.*

---

[97] A quel tempo l'usanza di inviare ciocche di capelli come ricordo tra fidanzati era una pratica frequente anche tra le amiche del cuore.

Cara Ellen,

credo che fossimo d'accordo sullo scriverci una volta al mese; quel lasso di tempo ora è passato, da quando ho ricevuto la tua ultima interessante lettera, e perciò ora mi affretto a rispondere. Accetta i miei auguri per il "Nuovo Anno", i cui giorni a venire, confido, ti troveranno più saggia e migliore nel vero senso di queste parole abusate. Il primo giorno di gennaio suggerisce sempre alla mia mente una serie di solenni e importanti riflessioni, e ricorre di frequente una domanda più facile da porre che a rispondere, ossia: quanto sono migliorata dall'anno scorso, e con quali buoni propositi devo guardare l'alba del successivo? Questi, mia cara Ellen, sono forti considerazioni che (giovani come siamo) né tu né io possiamo profondamente o troppo seriamente ponderare. Mi dispiace per le tue due grandi diffidenze, che nascono, penso dalla mancanza di sufficiente sicurezza nelle tue capacità, impedendoti di scrivermi in francese, poiché penso che il tentativo contribuirebbe materialmente al tuo miglioramento in quella lingua. Tu, molto cortesemente, mi metti in guardia dall'appassionante tenerezza delle mie sorelle a considerarmi troppo importante, e poi tra parentesi mi preghi di non offendermi. Oh! Ellen, pensi che possa offendermi per ogni buon consiglio che mi dai? No, ti ringrazio di cuore, e ti adoro, se possibile anche di più per questo. Ho ricevuto circa quindici giorni fa una lettera dalla signorina Taylor, in cui menziona la nascita del bambino della signora Clapham e mi dice anche che tu non sei a Roe

---

[98] T.d.A.

Head da più di un mese, ma non spiega le ragioni della tua assenza. Spero non sia a causa della malattia. Sono felice che ti piaccia "Kenilworth"[99], è di certo un'opera splendida, più simile a un romanzo che a un racconto[100] e secondo me più interessante dei lavori usciti dalla penna di Sir Walter[101]. Ero esageratamente divertita dal caratteristico e ingenuo modo in cui hai espresso odio per il personaggio di Varney, tanto che non ho potuto trattenere la risata quando ho letto quella parte della tua lettera. Egli è certamente la personificazione di consumata villania e nella delineazione della sua mente cupa e profondamente geniale, Scott esibisce una conoscenza meravigliosa della natura umana, oltre alla sorprendente capacità di dare vita alle le sue impressioni coinvolgendovi gli altri. Perdona la mancanza di notizie *in questa arida lettera, poiché davvero non ne ho. Emily e Anne, gentilmente, mi pregano di salutarti. Saluta con affetto tua madre e le tue sorelle, e siccome è davvero tardi permettimi di concludere assicurandoti il mio invariato, e mai lo sarà, affetto per te. Adieu, mia dolcissima Ellen, sempre tua*

Charlotte

---

[99] Romanzo di W. Scott.

[100] Nel testo originale Charlotte scrive "romance" e "novel" due termini che in italiano vengono qui resi con "romanzo" e "racconto" poiché risultano sinonimi. In inglese la forma "romance" indica una narrazione di tipo "rosa" (romantico, cavalleresco), mentre il "novel" si riferisce a tutte le altre forme (gotico, giallo, mystery, biografia ecc.).

[101] Intende Sir Walter Scott (1771-1832) scrittore scozzese.

Haworth, 19 giugno 1834[102]

Mia cara Ellen,
ho davvero il diritto di chiamarti così ora che sei tornata, o stai tornando da Londra, dalla grande città che per me è quasi apocrifa come Babilonia o Ninive o l'antica Roma. Ti stai ritirando dal mondo (o come lo si chiama) portando con te – se le tue lettere mi permettono di farmi un corretto giudizio – un cuore così genuino, così naturale, così vero, come quello che avevi qui. Sono lenta, molto lenta a credere alle affermazioni altrui. Conosco i miei sentimenti perché posso leggere nella mia mente, ma le menti del resto degli uomini e delle donne sono per me dei libri chiusi, geroglifici che non posso facilmente né aprire né decifrare. Anche il tempo, lo studio attento, il lungo apprendimento, superano molte difficoltà e nel tuo caso penso che siano riuscite bene nel portare alla luce e interpretare quel linguaggio nascosto, le tortuose deviazioni, le inconsistenze, e le oscurità, che così di frequente confondono le ricerche dell'onesto osservatore della natura umana. Quanti, dopo aver, come pensano, scoperto la parola amico nel libro della mente, hanno poi trovato che avevano letto di un falso amico! Ho a lungo letto "amica" in te, nelle tue parole, nelle tue azioni, ma ora distintamente e chiaramente scritto in caratteri inequivocabili, io riconosco la vera amica! Sono veramente grata per il tuo interesse verso una creatura cupa come me e spero che il piacere non sia solo mio, confido che in parte derivi dalla coscienza che il carattere della mia amica sia di un più alto, deciso, livello di quanto non sapessi un tempo. Poche ragazze avrebbero

---

[102] T.d.A.

agito come te, avrebbero visto il bagliore e lo splendere accecante dello sfoggio di Londra, con interesse invariato, cuore incontaminato. Non vedo affettazione nella tua lettera, nessun futile, frivolo piano e poca ammirazione verso persone e cose vistose. Esprimo questo complimento con pura sincerità. Metti una come A. W.[103] nella stessa situazione e immagina quale estrema differenza risulterebbe! Non dico altro, ricordami gentilmente alle tue pregevoli sorelle, accetta i migliori auguri da mio Padre, mia Zia, Sorelle e Fratello, e continua a serbare un angolo del tuo caldo, affezionato cuore per la tua vera e grata *amica,*

Charlotte Brontë

Haworth, 2 luglio 1835[104]

Carissima Ellen,
speravamo nell'estrema gioia di rivederti a Haworth quest'estate, ma gli affari dell'uomo sono mutevoli e i progetti devono piegarsi al corso degli eventi. Stiamo tutti per dividerci, lasciarci, separarci. Emily sta per andare a scuola, Branwell a Londra, e io sto per diventare istitutrice. Quest'ultima è la mia scelta, sapendo che avrei dovuto fare il passo prima o poi, meglio tardi che mai, per usare un proverbio scozzese, sapendo bene che papà avrebbe problemi con i suoi limitati guadagni, dovendo mantenere Branwell alla Royal Academy, e Emily a Roe Head. Dove andrò a stare? Chiederai. A oltre quattro miglia da

---

[103] Amelia Walker, una delle compagne di scuola a Roe Head, non proprio amata da Charlotte, fu il prototipo di Amelia De Capell in *Ashworth* e di Ginevra Fanshawe in *Villette*.
[104] Charlotte ha diciannove anni. (T.d.A.)

te, carissima, nel posto che a nessuna di noi è sconosciuto, non essendo altri che la stessa Roe Head menzionata prima. Sì, sto andando a insegnare proprio nella scuola dove a me è stato insegnato. La signorina Wooler mi ha fatto l'offerta e l'ho preferita a una o due proposte di istitutrice privata, che ho ricevuto in precedenza. Sono triste, molto triste, al pensiero di lasciare casa, ma il Dovere, la Necessità, sono severe maestre alle quali non si deve disobbedire. Non l'ho detto una volta, Ellen – che dovresti essere grata per la tua indipendenza? Mi sono sentita come dissi allora e lo ripeto ora con doppia sincerità, se qualcosa mi rallegrasse, sarebbe l'idea di averti vicina. Sicuramente tu e Polly verrete a trovarmi, sbaglierei a dubitarne, non siete scortesi, Emily e io lasceremo casa il 29 di questo mese; l'idea di stare insieme ci consola un poco in verità, poiché "per me la sorte è caduta su luoghi deliziosi"[105]. *Amo e rispetto la signorina Wooler. Cosa intendi, Ellen, dicendo che conosci il motivo per cui desidero una lettera da tua sorella? La frase mi ferisce, sebbene non la capisca bene. L'unica ragione era un desiderio di scrivere a una persona che rispetto. Portale i miei saluti affettuosi, a Sarah, e alla signora Nussey, ricordami rispettosamente alla signora Nussey, e credimi, mia carissima amica, affezionatamente, valorosamente tua,*

C. Brontë

---

[105] Salmi 15 (16), 6.

Roe Head, ? *1836*[106]

Stanca per una giornata di duro lavoro, durante il quale un insolito livello di stupidità si è manifestato nelle mie promettenti allieve, mi ricordo di scrivere poche rapide righe alla mia cara amica Ellen. Perdonami se parlo insensatamente, la mia mente sconsolata è esausta. È una serata tempestosa e il vento è un continuo brontolio che mi fa provare molta malinconia. Di questi tempi, in questi stati d'animo, Ellen, è nella mia natura rifugiarmi in qualche calmo, tranquillo pensiero, e ora mi torna a mente la tua immagine a darmi sollievo. Siedi dritta, immobile nell'abito nero con la sciarpa bianca, il tuo pallido viso marmoreo, che guarda così sereno e gentile – proprio come nella realtà. Vorrei che mi parlassi. Se dovessimo restare separate – se fosse il nostro destino vivere lontane e non potessimo vederci mai più – in vecchiaia rievocherei il ricordo dei miei giorni felici, e quale piacere malinconico sentirei nel ricordo della mia prima amica Ellen Nussey! Se amo la gente è mia natura parlarvi così, e non mi preoccupo di incensare la tua vanità. È dalla religione che deriva il tuo principale fascino, e possa la sua influenza preservarti sempre pura, senza pretese, caritatevole nel pensiero e nelle azioni come sei ora. Cosa sono io paragonata a te? Sento la mia profonda inutilità quando faccio il paragone. Sono molto grezza, normale, sciagurata, Ellen. Ho delle qualità che mi rendono molto miseranda, dei sentimenti che condivido solo con poche persone al mondo che possono capire. Non mi vanto di questi attributi, mi sforzo di nasconderli e sopprimerli, per quanto posso delle volte saltano fuori, e

---

[106] T.d.A.

quelli che vedono l'esplosione mi disprezzano, e odio me stessa per giorni. Stiamo per andare a pregare, così non posso scrivere più di questa robaccia, anche se c'è molta verità. Devo spedire questo biglietto in mancanza di meglio. Non so cosa dire. Ho appena ricevuto la tua lettera e quel che l'accompagnava. Non so dire cosa induca le tue sorelle a sprecare la loro gentilezza verso una come me; sono obbligata verso di loro, spero che glielo dirai. Sono anche obbligata verso di te, più per il tuo biglietto che per il tuo regalo. Il primo mi ha fatto piacere, il secondo qualcosa di simile al dolore. Porta i miei rispetti e i miei ringraziamenti alle tue sorelle. La cuffia è troppo elegante per me. Non oso scrivere oltre. Quando ci incontreremo?

C. Brontë

Roe Head, 20 febbraio 1837[107]

Ho letto la tua lettera con sgomento – Ellen che farei senza di te? Perché ci neghiamo la reciproca compagnia? È una fatalità imperscrutabile. Desidero stare con te perché sento che due o tre giorni o settimane trascorsi in tua compagnia, rafforzerebbero oltre misura la gioia di quei momenti che ho recentemente iniziato ad apprezzare. Tu per prima mi hai indicato che sono debolmente coinvolta nel viaggiare, e ora non posso tenerti al mio fianco, devo proseguire mestamente sola.

Perché dobbiamo essere divise? Sicuramente, Ellen, deve essere perché corriamo il pericolo di amarci troppo – di perdere di vista il Creatore *nell'idolatrare la* creatura. *All'inizio non potevo dire "sia fatta la tua volontà". Mi sentii una ribelle; ma so che era sbagliato*

---

[107] T.d.A.

sentirmi così. *Lasciata sola per un momento stamane, ho pregato con fervore di essere in grado di rassegnarmi a* ogni *volontà di Dio – anche se portasse a una delusione peggiore rispetto al presente. Da allora, mi sono sentita più calma e umile – e di conseguenza più felice. Domenica scorsa ho preso la Bibbia in uno stato mentale cupo. Ho iniziato a leggere; mi sopraffece un sentimento che non provavo da anni – una dolce, placida sensazione come quelle che ricordo mi visitavano da bambina, nelle sere estive domenicali, quando stavo alla finestra aperta a leggere la vita di un certo nobiluomo francese, che raggiungeva il più puro e più alto livello di santità conosciuto dai primi Martiri. Pensai alla mia Ellen – desiderai che mi stesse accanto, che le potessi dire quanto fossi felice, quanto luminose e gloriose mi sembrassero le pagine della sacra parola di Dio. Ma il sapore passò, terra e peccato tornarono. Devo vederti prima che te ne vada, Ellen; se non puoi venire a Roe Head escogiterò una camminata fino a Brookroyd, fammi sapere il giorno della tua partenza. Se non fossi a casa per Pasqua, non oserò accettare l'invito di tua madre e delle tue sorelle. Sarei infelice a Brookroyd senza te, vorrei tuttavia provare a visitarle per qualche ora se non potessi per qualche giorno. Le amo grazie a te. Non ho scritto questa lettera a caso. Quando ti raggiungerà non lo so, non sono determinata a lasciare sfuggire un'occasione per mancanza di prontezza a coglierla. Addio, il Signore ti conceda tutte le sue benedizioni. Mia cara – addio. Forse potresti tornare prima dell'estate – pensi sia possibile? Vorrei che tuo fratello John sapesse quanto sono infelice; forse avrebbe più pietà di me.*

C. Brontë

(Haworth) *4 gennaio 1838*[108]

La tua lettera, Ellen, è una sorpresa benvenuta, anche se contiene qualcosa come una ramanzina. Non ho, tuttavia, dimenticato il nostro accordo; avevo preparato un biglietto per l'arrivo imminente del vostro corriere, ma essendo accadute delle cose, non è stato più utile. Avevi ragione a immaginare il motivo della mia improvvisa partenza. Anne continua a stare male – né il dolore né la difficoltà a respirare la lasciano – e come posso altrimenti sentirmi se non infelice? Ho considerato il suo caso in una luce diversa rispetto a chi desideravo o mi aspettavo fosse visto da persone disinteressate. La signorina Wooler mi crede folle e ha dimostrato la sua opinione trattandomi con forte freddezza. Siamo arrivate a un piccolo éclaircissement[109] una sera. Le ho detto uno o due verità che l'hanno fatta piangere e il giorno dopo, senza che lo sapessi, scrisse a papà, dicendogli che mi ero rivolta a lei con asprezza – che le diedi seriamente la colpa ecc. ecc. Papà ci ha mandate a chiamare il giorno dopo aver ricevuto la lettera. Intanto, ho preso una ferma decisione, lasciare la signorina Wooler e i suoi affari per sempre – ma appena prima che andassi via mi chiamò nella sua stanza, e rivelò i suoi sentimenti, che in generale aveva trattenuto fin troppo rigidamente, facendomi capire che invece delle sue fredde maniere ella aveva un considerevole riguardo per me e si sarebbe dispiaciuta molto della separazione. Se piaccio a qualcuno, non è detto che a me piaccia, e ricordando che ella era stata in generale gentilissima con me,

---

[108] T.d.A.
[109] In francese: chiarimento.

mi arresi e dissi che sarei tornata se lo desiderava — così ci siamo decise; ma non sono soddisfatta. L'avrei rispettata di più se mi avesse messa alla porta invece che piangere per due giorni e due notti. Andai su tutte le furie perché diedi il meglio del mio "temperamento ardente" — cosa di cui non mi vanto, perché è una debolezza; né me ne vergogno, perché ho ragione di essere arrabbiata. Anne ora sta molto meglio; sebbene abbia ancora bisogno di cure. Tuttavia, sono sollevata dalle mie peggiori paure nei suoi riguardi.

Approvo totalmente il Piano *di cui parli, eccetto sul fatto di imparare a memoria un verso dei salmi; non vedo il vantaggio diretto che ne derivi. Siamo nell'anno nuovo; sarà tetro come l'ultimo, con tutti i suoi dolori, follie, segrete vanità, e passioni incontrollate e tendenze? Non mi fido, ma non avverto nulla di buono, né di più umile né di più puro. Mancano tre settimane al prossimo lunedì alla fine delle vacanze. Vieni a trovarmi, mia* cara Ellen, *al più presto. Anche se talvolta mi sento aspra verso altri, il ricordo della tua dolce, salda amicizia mi consola e mi tranquillizza. Sono felice che non sei una debole folle come me. Porta i miei cari saluti a tua madre e alle tue sorelle, perdona il mio orribile scarabocchio, e credimi sempre teneramente tua,*

C. Brontë

Il disprezzo per la vita scolastica da insegnante, la paura di perdere la sua migliore amica della quale cerca sempre la compagnia, lo scontro con la signorina Wooler che secondo Charlotte aveva la colpa della malattia di Anne, la sgridata del padre, la crisi religiosa, il continuo appellarsi alle Sacre Scritture, tutto ciò evolve nelle oltre quaranta lettere inviate a Ellen durante il periodo di Roe Head (compresi i giorni di vacanza a casa). Siamo riusciti a concentrare tutto in otto confessioni, in lettere che sono un grido d'aiuto, ascoltato e materializzato solo con le risposte dell'amica. È ora che ci rendiamo conto della grande perdita subita: la distruzione delle risposte di Ellen. Il Reverendo Nicholls ha ben ragione di passare alla storia come una figura poco simpatica. Ha privato la storia di metà della storia...

VI.

The Roe Head Journal

Questo saggio è nato dall'intenzione di tradurre e proporre integralmente una serie di scritti di Charlotte convenzionalmente detti *Roe Head Journal.*

Il lettore si renderà conto ben presto che il classico *Caro Diario* qui non esiste e non poteva essere altrimenti. Il diario è una pagina scritta *dall'io* che parla *dell'io*. Qui Charlotte non si confessa o si apre come ci si aspetterebbe in un classico "diario". Non è per esempio come il diario di Mary Shelley, ove la donna si strugge per l'amor perduto, dichiarando tutta la sua passione e il suo dolore. Il diario di Charlotte racconta, racconta la fantasia, è l'attimo fugace delle sue visioni, per non farlo scappare, per non perderlo. I riferimenti a se stessa sono pochissimi, perché, quasi inconsciamente, quella se stessa è lasciata alla comprensione del lettore. Bastano poche parole, attimi di lei, il resto è quel che normalmente a casa sarebbe diventato un racconto, lungo.

Consideriamo pertanto il diario di Roe Head come una parentesi di *Angria*, collegata e scollegabile dalla sequenza scritta da Branwell e da sua sorella. Storie non storie, fantasmi che vediamo muoversi nelle sue pupille, scatti fotografici, ecco cos'è diventato nella sua immediatezza il suo *journal*, ed è straordinario come questo sia un journal da leggere e che ci fa vedere. Il diario classico ci fa vedere l'autore mentre lo scrive. Questo ci fa vedere cosa immagina.

Vi scorgeremo il muoversi di dame e cavalieri, di spettri, città, tombe e castelli di luce, come in scenari lunari e desertici, tra vasi istoriati ed erica ondeggiante, vestiti cadenti, capelli sciolti, re ubriachi, dove la trasgressione è proprio tutto il contrario di una vita costretta al cicaleccio ignorante di ragazzine insopportabili che devono fare i compiti. Loro non volevano impegnarsi, l'insegnante Charlotte non voleva aiutarle ma doveva. Peggio di così c'era solo la signorina Wooler che la chiamava per il tè... il tè! Un semplice tè, un rito *traditionally english*, romantico e rilassante si tramutava in disgrazia, interrompeva il magnifico flusso potente, impetuoso, deflagrante e poi rassegnato. Dov'era il silenzio della brughiera e delle tombe, compagne della sera? Il tè va preso con i sacri spiriti del cimitero di Haworth, non con allieve vive, vivaci e frivolette.

Ci piace considerare queste pagine come una lettera, la più bella, scritta a se stessa sotto forma di diario, privando il diario stesso – come forma letteraria – delle sue ovvietà e rendendolo unico, perché ogni scrittore lo concepisce liberamente, come più gli piace, senza regole.

Bene, sono qui a Roe Head[110]

"Bene, sono qui a Roe Head. Sono le sette di sera. Tutte le allieve stanno facendo i compiti, la classe è tranquilla, il fuoco è debole. Un giorno tempestoso sta finendo, va mutando in una notte sussurrante e tetra. Ora mi riapproprio dei miei pensieri. La mente si rilassa dalle tensioni delle ultime dodici ore e si volge a qualcosa che nessuno in questa casa conosce all'infuori di me. Ora io, dopo un giorno di snervante vagabondare, ritorno all'arca che per me sola galleggia sui flutti del diluvio di questo mondo desolato e sconfinato[111]. È strano. Non riesco ad abituarmi ai comportamenti che mi circondano. Ho assolto ai miei doveri rigorosamente e bene. Devo dire così. Se l'immagine non fosse profana – come Dio non era nel vento, né nel fuoco, né nel terremoto, così nessuna faccenda, nessun compito o esercizio sono nel mio cuore[112]. È una calma vocina che

---

[110] Manoscritto di tre pagine (11,5x18,6 cm) in scrittura minuta, conservato nel fondo Bonnell Collection della Pierpont Morgan Library.

[111] Genesi 7, 17-8 "*Il diluvio durò sulla terra quaranta giorni: le acque crebbero e sollevarono l'arca che si innalzò sulla terra. Le acque divennero poderose e crebbero molto sopra la terra e l'arca galleggiava sulle acque*".

[112] Re 19, 11-12 "*Gli fu detto: «Esci e fermati sul monte alla presenza del Signore». Ecco, il Signore passò. Ci fu un vento impetuoso e gagliardo da spaccare i monti e spezzare le rocce davanti al Signore, ma il Signore non era nel vento. Dopo il vento ci fu un terremoto, mail Signore non era nel terremoto. Dopo il terremoto ci fu*

solitaria mi si avvicina nel vespro, quella che, come una brezza parlante giunge alle immense colline malinconiche e fuori dalle foreste, ora senza foglie, e alle città, sulle lontane sponde del fiume o in un lontano e luminoso continente. È questo che cattura il mio spirito e alimenta ogni mia viva sensazione, tutte le mie energie non semplicemente meccaniche e, come a Haworth e a casa, sveglia sentimenti che dormono altrove.

La notte scorsa, invero, mi appoggiai ai voli tempestosi e tonanti dello scoppio di una bufera come raramente avevo sentito soffiare, che mi sferzò come l'erica nella landa selvaggia per cinque secondi di estasi. E quando mi sedetti sola nella sala da pranzo, mentre tutti gli altri prendevano il tè, la trance sembrò scendere improvvisa, e questo passo calpestò le belligeranti sponde del Calabar e questi occhi videro la defilata e violata Adrianopolis, spargere le sue luci sul fiume, tra le grate ove l'invasore di guardia non era offuscato[113]. Attraversai il sentiero di un giardino le cui erbe erano state calpestate. Salii a una grande terrazza, il pavimento di marmo brillava umido di pioggia dove non era oscurato da mucchi di foglie morte, ora cadute e ora spazzate da enormi rami spezzati oscillanti al vento su di loro. Salii su per le mura del palazzo, verso la griglia di archi che risplendevano. Procedendo veloce come un pensiero, guardai di sfuggita cosa brillasse all'interno attraverso il cristallo.

C'era una sala contornata di specchi, e lampade su tripodi, splendidi divani [decorati?], e tappeti, larghi vasi bianchi e lucidi come neve, finemente sbalzati con bianche

---

un fuoco, ma il Signore non era nel fuoco. Dopo il fuoco ci fu un mormorio di un vento leggero»".

[113] Ecclesiaste 12, 3 "(...) quando tremeranno i custodi della casa e si curveranno i gagliardi (...) e si offuscheranno quelle che guardano dalle finestre".

modanature. Una grande figura di bellezza imponente raffigurante un giovane uomo[114], i cui splendidi e brillanti riccioli sembravano ondeggiare al suo respiro e i cui occhi erano in parte nascosti dalla mano, incisi nell'avorio che li ombreggiava, reggeva un'orrenda testa coronata. Un'immagine solitaria, troppo grande per ammettere compagnia – un aspetto da ricordare, pieno di bellezza non ostentata, sembrava una forma copiata così spesso in ogni atteggiamento imponente, che alla lunga il pittore, sazio della sua lussureggiante perfezione, avesse deciso di nasconderne una parte e rendere l'imperiale gigante curvo, nascosto sotto una nuvola di ciocche, la cui la radiosità egli si stava stancando di ritrarre.

Spesso ho visto questa stanza piena e ho avvertito, quando la guardavo, la semplice e smisurata magnificenza di ogni sua singola immagine, le sue cinque colossali coppe di marmo scolpite, i suoi soffici tappeti di tinte profonde e brillanti, i suoi ampi specchi, nobili e limpidamente chiari. L'ho vista nella quiete della sera, quando le lampade serene costantemente bruciavano nella tranquilla atmosfera e quando i loro raggi cadevano su una figura viva: una giovane signora[115], che generalmente a quel tempo stava seduta su un basso sofà, con un libro in mano, la testa curva come se leggesse, i luminosi capelli castani lunghi in riccioli sciolti e ondulati, il vestito con ampie pieghe di seta che toccava il pavimento quando era seduta. Tutto in lei era sereno, eccetto il cuore che batteva sotto il corpino di scuro satin, e tutto era in silenzio, eccetto per il suo regolare e amabilissimo respiro. Un'altezzosa magnificente tristezza s'irradiava dal suo ardente, fisso, occhio nocciola e, sebbene così giovane, io mi

---

[114] Il Marchese di Douro (Zamorna).
[115] Mary Henrietta regina di Angria, moglie ripudiata di Zamorna.
142

sentivo sempre come se, in vita mia, non dovessi aver l'ardire di parlarle. Come erano piacevoli le linee dei suoi dritti, delicati tratti. Quanto squisita era la sua piccola bocca rosea. Ma quanto era fiero il suo bianco sopracciglio spazioso e incoronato da boccoli e il suo collo, che sebbene così snello, aveva la curva superba di una regina dalla gola bianca! Sapevo perché ella preferiva stare sola a quell'ora e perché serbava quel riflesso nella cornice dorata a fissarla, e perché qualche volta si girava verso il suo specchio e osservava la propria amabilità e se i suoi ornamenti fossero abbastanza perfetti.

Tuttavia, questa notte ella era invisibile – no – ma nemmeno il suo salottino era spoglio. Il raggio rosso del fuoco balenava su un tavolo coperto da fiaschette di vino, alcune svuotate e altre traboccanti di rosso succo. I cuscini di una voluttuosa ottomana, che avevano spesso sopportato il suo esile elegante corpo, erano sgualciti da una mole oscura abbandonatasi all'ebbrezza. Sì, dove ella si era distesa regalmente vestita e ornata di perle, ogni movimento dei suoi ornamenti diffondevano profumo, la sua beltà dormiente e ancora raggiante come i sogni di lui, per il quale ella aveva sopportato una tale sacra e devota separazione, opprimeva la sua anima. Sul suo sofà di seta uno scuro e nerboruto moro ubriaco di selvaggia impassibilità aveva steso i suoi atletici arti, stanchi di brindare e istupiditi dal sonno dell'ubriachezza. Io lo conoscevo come Quashia[116], e potevo ben indovinare perché aveva scelto la regina del Santuario di Angria per la scena del suo festeggiamento solitario. Mentre riempiva i miei occhi, disteso nel suo abito nero sul divano in disordine, coi capelli color sabbia arruffati sulla fronte, i denti come zanne che balenavano vendicativamente attraverso le

---

[116] Quashia Quamina era uno dei nemici di Zamorna.

labbra disunite, la carnagione scura arrossata per il vino e l'ampio petto che palpitava selvaggiamente, col respiro che sbuffava dalle narici distese, mentre guardavo lo svolazzare della sua bianca camicia increspata, sobbalzare dal panciotto sbottonato a più della metà e guardavo l'espressione del suo viso arabo selvaggiamente esultante anche nel sonno – Quamina, signore trionfante nelle stanze di Zamorna! Nel salotto della donna di Zamorna! Mentre quest'apparizione mi stava innanzi, la porta della sala da pranzo si aprì e la signorina W[ooler] entrò con un piatto di burro in mano. "Una nottata molto tempestosa, mia cara!" disse.

"Proprio così, madame" dissi io.

4 febbraio 1836"

Un'apparizione. Questo è il primo foglio del *Journal.* La scena non narra di vicende, descrive persone, nella loro staticità, nella stanchezza, come un dipinto, ove nulla si muove ma tutto è luce, serenità, immobilità generale e mobilità di dettagli, capelli che ondeggiano, pieghe di abiti fruscianti, bottiglie di vino vuote, silenzio. Ci sembra di vederlo, insieme all'autrice, quel re asiatico indolente e ubriaco sul divano e una regina, non la sua, dea di quella sala tutta specchi, tutta luci, mentre fuori è notte. È Angria. È trasgressione, è la moglie di Zamorna in compagnia di un suo nemico, è la necessità di non far parlare nessuno di loro, perché a parlare è il solo desiderio di Charlotte di continuare quella visione. Il momento è sereno, finché in un pathos crescente come lo stato della visione appassionata, l'impeto creatore è spezzato brutalmente da un banale tè e da una risposta apatica, apaticamente sconsolata... "Proprio così, madame"... un sospiro leggero, occhi nel vuoto... la realtà...

Ora che ho un po' di tempo[117]

"Venerdì sera

Ora che ho un po' di tempo, non essendoci lezioni di francese questa sera, mi piacerebbe scrivere qualcosa. Non posso farlo in maniera continuata – la mia mente non è abbastanza stabile per farlo – ma se potessi rievocare qualche scenetta frivola e piacevole, mi divertirei a buttarla giù.

Fatemi riconsiderare l'altro giorno. Mi parve di immaginare una deliziosa, calda giornata nel più rovente culmine dell'estate. Una magnifica serata di pigrizia e infiacchimento scendeva sulle colline della nostra Africa. Una sera avvolgeva un cielo di un blu scuro, profondo e la terra s'infuocava come oro.

Ohimè! Ho messo insieme degli attributi e non posso descrivere cosa intendo. Intendo un giorno il cui sorgere, progredire e declinare sembra fatto per il sole. Visto che stai viaggiando, puoi vedere l'ampia strada davanti a te, i campi su ogni lato e le colline lontane, lontane e serene, ardenti nella stessa luce ambrata, e puoi sentire un calore così intenso, incapace di gelare l'umida e rinfrescante brezza. Un

---

[117] Manoscritto sullo stesso gruppo di fogli del precedente frammento e probabilmente il giorno dopo, 5 febbraio, venerdì, proprietà Pierpont Morgan Library di New York, fondo Bonnel Collection.

giorno in cui i frutti maturano visibilmente, quando i frutteti compaiono improvvisamente mutando dal verde all'oro.

Proprio quel giorno vidi sfolgorare lontano Sydenham Hills della Hawkscliffe Forest[118]. Vidi il sublime tramonto versare lampi di rosso carminio attraverso le magnifiche radure. Mi parve che la guerra fosse finita, che la tromba avesse cessato poco prima[119], e che le sue ultime note fossero state intonate in chiave trionfante. Sembrò come se eventi eccitanti – notizie di battaglie, di vittorie, di trattati, di incontri tra poteri forti – avessero diffuso un entusiasmo sulla terra, che fece pulsare i suoi battiti con febbrile velocità. Dopo mesi di sanguinosa fatica, ora ad Angria era concesso un periodo di festoso riposo. I nobiluomini, i generali e i gentiluomini erano nelle loro residenze di campagna, e il Duca, giovane ma logorato dalla guerra, era a Hawkscliffe.

Un quieto carisma usciva di soppiatto dalla stupenda foresta, la cui calma ora era più terribile di una mareggiata che spazza le radure durante una tempesta. Branchi di cervi apparivano e scomparivano silenziosamente tra i prodigiosi fusti e qua e là un singolo capriolo scivolava nel parco della savana, ubriaco dell'Arno, spostandosi ancora.

Due gentiluomini in solenne conversazione stavano camminando verso St. Mary's Grove, e i loro toni profondamente amalgamati, molto calmi, sommessamente spezzavano il silenzio del pomeriggio. Argomenti segreti sembravano insinuarsi nel loro parlare, poiché l'importanza delle loro parole era nascosta a ogni probabile ascoltatore con accenti di una lingua straniera. Tutte le morbide vocali di articolazione italiana scaturivano dalle loro labbra, tanto

---

[118] Terra di Zamorna.

[119] Il motivo delle trombe che suonano è usato per indicare la fine di una battaglia, cfr. poesia *The trumpet hath sounded*.

fluentemente come se fossero nativi di un Eden europeo. "Henrico" era l'appellativo con cui il più alto e più giovane dei due si rivolse al compagno, e l'altro replicò col meno familiare titolo di "Monsignore"[120]. Quel giovane signore[121], o lord[122], spesso guardava alle torri Normanne di Hawkcliffe che si stagliavano sui nobili olmi di St. Mary's Grove. Il sole brillava sulle merlature, baciandole col suo ultimo raggio che rivaleggiava il colore del bandiera[123], stendendo immobilità su di loro.

"Henrico" disse lui, parlando con musicale toscano, "è il 29 giugno[124]. Né tu né io abbiamo mai visto una giornata più limpida. Cosa ti ricorda? Tutti questi tramonti hanno qualcosa in comune".

Henrico aggrottò il rigido sopracciglio pensieroso e allo stesso tempo fissò, col suo occhio penetrante e molto scuro, i tratti del suo nobile compagno, che abituato per natura e aspetto al comando e all'orgoglio, si stava rilassando in quella dolce ora a un appassionato e fervido romanticismo. "Cosa ricorda a voi, mio signore?" disse brevemente.

"Ah! Molte cose, Henrico! Da che posso ricordare, i raggi del sole hanno agito sul mio cuore, come fecero sulla

---

[120] Henri Fernando di Enara detto La Tigre, comandante delle forze di Angria e Zamorna.

[121] In italiano nel testo.

[122] *Lord* in originale per evitare la ripetizione di *signore*.

[123] Il vessillo di Angria era decorato da un sole.

[124] Secondo Heather Glen questa data corrisponderebbe alla stesura di questo frammento, quindi fu scritto a Haworth e non a Roe Head. Tuttavia potrebbe essere solo un accomodamento narrativo e quindi non corrispondere alla realtà; cfr. H. Glen, *Tales of Angria*, Penguin, London 2006.

splendida statua di Memnone[125]. Le corde vibrano sempre; qualche volta i toni crescono in armonia, talvolta in contrasto. Suonano un'aria selvaggia proprio ora – ma dolce e sinistramente lamentosa. Henrico, puoi immaginare cosa sento quando guardo i fiochi e scuri panorami della mia foresta e alle torri laggiù, che le mie potenti mani hanno innalzato – non le sale dei miei antenati, come il canuto Mornington? La calma diffonde su questa ampia foresta il potere di manipolare ed eccitare la mente in un modo che le parole non possono esprimere. Guarda al rosso ovest! Il sole è tramontato e sta sbiadendo in vapore tra quei potenti boschi, straordinariamente sereni e pieni di raccolta oscurità. Ascolta come geme l'Arno!"

Non solo Africa in senso stretto. Charlotte imparò dei rudimenti di italiano a Roe Head e qui ne abbiamo la prova. Resta affascinata da un rinascimento fiorentino, che ripropone con personaggi dai nomi e dai titoli italiani ma che sono effettivamente angriani. L'intercambiabilità di Zamorna è sorprendente. Nella sua fantasia il suo eroe-uomo ideale assume le più svariate identità. Di lui Charlotte si sazia. Ogni nuova forma la soddisfa, le appaga la mente.

Questa volta il sogno è una delicata scena, di rosso e di tramonto, ora che ha tempo di scriverla. Notate la conclusione. D'impatto. Nessun tè sembra interromperla.

---

[125] Memnone, re etiopico figlio di Eos (l'Aurora) e del bellissimo Titone fratello di Priamo, che partecipò alla guerra di Troia come suo alleato; fu ucciso da Achille. Per richiesta di Eos fu assunto tra gli dèi. Nel mito egiziano la statua raffigurante Amenofi III, presso Tebe, impersonerebbe Memnone e ogni volta che il sole la irradiava all'alba, emetteva dei suoni.

Per tutto il giorno sono stata come in un sogno[126]

"Venerdì 11 agosto[127]. Per tutto il giorno sono stata come in un sogno, per metà infelice per metà estatico: infelice perché non posso portarlo a termine fino in fondo, estatico perché mostrava quasi nella vivida luce della realtà, le consuetudini del mondo infernale[128]. Ho faticato per circa un'ora con la signorina Lister, la signorina Marriott ed Ellen Cook[129], sforzandomi di insegnare loro la differenza tra un articolo e un sostantivo. La lezione di grammatica è finita, un silenzio mortale è calato sulla classe, e io sedetti sprofondando in una specie di letargia per l'irritazione e per la stanchezza.

Il pensiero mi attraversò: dovevo trascorrere la parte migliore della mia vita in questa orribile prigionia, costretta a reprimere la mia rabbia nella pigrizia, nell'apatia e

---

[126] Manoscritto di quattro pagine (11.3x18.6 cm, 11 agosto-14 ottobre 1836) in scrittura minuscola, proprietà del Brontë Parsonage Museum. La pagina 1 è datata al 1 agosto e sembra scritta due mesi prima delle altre tre che datano al 14 ottobre. La cesura nel testo è evidente.

[127] Come spiega la Barker era un giovedì, ma Charlotte scrive il giorno dopo al "sogno". Questo frammento è datato a fine testo in ottobre ma nel mezzo si dice che è agosto. Cfr. nota 2.(1) *Friday afternoon*, Alexander 2010, *op. cit.*, p. 526

[128] Charlotte e Branwell si riferiscono ad Angria come "infernal world".

[129] Tre allieve ricordate frequentemente anche nelle lettere a Ellen.

nell'iperbolica stupidità di quelle sceme babbee con l'obbligo di assumere un'aria di gentilezza, pazienza e premura? Devo sedere giorno dopo giorno incatenata a quella sedia, imprigionata in queste quattro mura spoglie, mentre quei gloriosi soli estivi ardono in cielo e l'anno volge al suo più ricco fulgore, dichiarando alla fine di ogni giorno estivo che il tempo che sto perdendo non tornerà mai più?

Punta nel vivo da questa riflessione, mi sono avviata meccanicamente verso la finestra. Un dolce mattino di agosto sorrideva al di fuori. La rugiada non era ancora asciutta nei campi. Le prime ombre si allungavano fresche e fioche dai covoni e, le radici delle antichissime querce e i rovi si distendevano lungo i recinti ricoperti. Tutto era immobile, eccetto il mormorio delle scialbe durante i loro compiti. Abbandonai il telaio. Un suono incerto di indicibile dolcezza provenne da un vento morente da sud. Guardai in quella direzione. Huddersfield e le colline lontane erano tutte velate da una bruma azzurrina; gli alberi di Hopton e Heaton Lodge velavano le sponde del torrente; e il Calder[130], silenzioso ma luminoso, scattava tra loro come una freccia d'argento. Ascoltai. Il suono navigava pieno e fluido giù per la discesa. Erano le campane della chiesa parrocchiale di Huddersfield. Chiusi la finestra e tornai al mio posto.

Allora mi raggiunse, correndo impetuosamente, il potente fantasma che avevo evocato dal nulla, un sistema forte quanto una dottrina religiosa. Mi sentii come se potessi scrivere eroicamente – Desideravo scrivere. Lo spirito di tutta Verdopolis, di tutto il Nord montuoso, di tutto l'Ovest boschivo, di tutto l'Est dei fiumi in piena, arrivò affollando la mia mente. Se mi fossi permessa di indugiare, sentivo che le

---

[130] Roe Head si affacciava sulla Calder Valley di Mirfield, sulla via per la ricca città commerciale di Huddersfield.

vaghe sensazioni di quel momento si sarebbero riordinate in qualche narrazione migliore di ogni cosa scritta prima. Ma proprio allora una stupida arrivò coi compiti. Pensai che avrei vomitato[131].

La sera, la signorina E.L.[132] fu trigonometricamente ecumenica sulla sua lezione di francese. Quasi mi uccise per la violenza irritante della sua orrida eccitata ostinatezza e per la fatica che servì per riportarla a una moderata calma. Le mie dita tremavano come se avessi avuto mal di denti per ventiquattro ore, e i miei animi si sentivano erosi a un livello di disperato scoraggiamento. La signorina Wooler provò a farmi parlare all'ora del tè e fu eccessivamente gentile con me, ma non mi sarei destata per nulla al mondo. Dopo il tè abbiamo fatto una lunga stancante passeggiata. Tornai indietro nel profondo ultimo stadio della depressione, poiché la signorina L. e la signorina M-t mi avevano annoiata con le loro volgari sciocchezze sulla famiglia per tutto il tempo che siamo state fuori. Se quelle ragazze sapessero quanto detesto la loro compagnia, non mi cercherebbero per avere la mia.

Il sole era tramontato circa un quarto d'ora prima che tornassimo e si stava facendo buio. Le signore andarono in classe per fare i loro compiti e io strisciai nella stanza da letto per stare da sola, per la prima volta quel giorno. Fu deliziosa la sensazione che provai sdraiandomi sul letto spartano e affidandomi al lusso del crepuscolo e della solitudine. Il flusso del pensiero, controllato tutto il giorno, scorse libero e calmo lungo il suo canale. Le mie idee erano troppo frammentate per far forma a qualche figura definita, come avrebbero fatto in certe circostanze a casa, ma pensieri

---

[131] Interruzione del frammento scritto in agosto.
[132] Ellen Lister.

dolcemente distaccati volteggiavano attorno e scene disconnesse arrivavano e poi svanivano, producendo un effetto certamente strano, ma per me molto piacevole.

La fatica del giorno, seguita da questo momento di celestiale tempo libero, aveva agito su di me come oppio e mi stava avvolgendo un inquieto ma affascinante incantesimo, come non avevo mai provato prima. Quel che immaginai crebbe morbosamente vivido. Ricordo che mi parve di vedere, coi miei occhi, una signora nel salone di casa di un gentiluomo, in piedi, come se aspettasse qualcuno. Era il tramonto e apparve il tenue contorno di palchi come un cappello con una rozza pelliccia sopra. Ella aveva un candeliere lucidato in mano e sembrava venire dalla cucina o da un altro locale. Era molto affascinante. Non spesso possiamo creare da un'idea pura dei volti singolarmente così eleganti. Aveva i riccioli neri, tenuti piuttosto bassi sul collo, e una pelle brillantissima e scuri occhi ansiosi. Ho immaginato l'afa di quel giorno d'estate su di me, ed era vestita di mussola – per nulla romantica – un sottile, tessuto stampato con larghe maniche e gonna ampia.

Siccome aspettava, ho udito distintamente la porta principale aprirsi e vidi il leggero chiarore della luna sul prato e oltre il prato, a distanza, vidi una città brillare di luci scintillanti al crepuscolo. Due o tre gentiluomini entrarono, uno dei quali sapevo per intuito chiamarsi Dr. Charles Brandon e un altro William Locksley Esq[133]. Il dottore era un uomo affascinante, alto e strutturato, vestito alla moda con ampi pantaloni bianchi e un largo cappello di paglia, che, sistemato di lato, scopriva capelli neri e un ovale del viso scottato dal sole, ma senza rughe. Locksley e l'altro

---

[133] Sembrano personaggi nuovi, non presenti in Angria o in altri scritti dell'autrice.

152

entrarono in casa, ma Brandon si fermò un minuto nella sala. C'era un bacile d'acqua sul marmo, e andò a lavarsi le mani, mentre la signora teneva la candela.

"Com'è andata l'operazione di Ryder?" chiese lei.

"Molto bene. Starà meglio in tre settimane" fu la risposta. "Ma Lucy non farà da infermiera all'ospedale. La devi prendere come nostra governante, per cucire i miei cambrì e i fazzoletti, e lavare e stirare i tuoi grembiuli di pizzo. Quella sciocchina, sviene solo a vedere gli strumenti[134]".

Mentre Brandon parlava, una fioca concatenazione di idee che descrivono il momento della vita di qualcuno, una scena variabile in cui persone e fatti, caratteri ed eventi, volsero a un panorama nebbioso, mi entrò in testa. La menzione dell'ospedale, di Ryder, di Lucy, ognuno rievocò una serie di ricordi, o piuttosto fantasie. Sarebbe inutile raccontare tutto ciò che fu ispirato in quel momento.

Lucy per prima mi apparve davanti sedendo alla porta di una villetta solitaria su una specie di idolo moresco, sdraiato, triste e malato – una giovane donna con quei deboli, regolari tratti che sempre ci attraggono, tuttavia poveramente assalita dalla meschinità dei circostanti annessi. Era una sera calma. I suoi occhi erano rivolti a una strada che attraversava la brughiera. Un puntino apparve lontano, molto lontano. Lucy sorrise a se stessa quando spuntò e mentre lo faceva c'era qualcosa nel suo malinconico sopracciglio, nel suo naso dritto e nel colorito sbiadito, che mi ricordò chi doveva, per quel che sapevo, essere morto e sepolto da poco nella

---

[134] Probabilmente si riferisce agli strumenti operatori del dottore.

profonda terra[135]. Era questa somiglianza e la sensazione della sua esistenza che aveva chiamato il Dr. Brandon così lontano dalla sua cerchia di persone e che ora, quando stava vicino al suo paziente, ne faceva osservare il suo volto mite, sottomesso e riconoscente, con la più tenera gentilezza che egli concedeva ai padroni di ricchezza e rango aristocratico.

Basta. Non ho più tempo per elaborare questa visione. Mille cose le sono legate, un intero paese, statisti e re, una rivoluzione, troni e principati sovvertiti e restaurati.

Nel frattempo, l'uomo alto che si stava lavando le mani insanguinate nel bacile e la mora bellezza in piedi, vicino una candela, restavano dipinti negli occhi della mia mente con fastidiosa e allarmante nitidezza. Mi sono spaventata al vivido bagliore della candela, alla realtà della figura eretta e simmetrica della signora, della sua faccia vivace e affascinante, dei suoi occhi ansiosi che guardavano quelli di Brandon e scoprendone il significato, immersi appena in una accenno di severa espressione che l'abitudine e la sofferenza hanno dato al suo aspetto rigido.

Mi sento confusa e seccata. A stento so da cosa. Alla fine mi accorgo di un sentimento come un peso grave che mi attraversa. Sapevo di essere sveglia ed era buio, e che, in più, ora le signore erano venute in camera a prendere i loro bigodini. Si accorsero che stavo sul letto e le sentivo parlare di me. Volevo parlare, alzarmi, era impossibile. Sentivo che questa era un'orrenda, imbarazzante condizione, che non doveva esserlo. Il peso mi spinse come se qualche strano animale si fosse scagliato contro di me. Un'orrida apprensione velocizzò ogni battito che avevo. "Devo

---

[135] Il riferimento è alla fine di Mary Percy per mano di Branwell e che Charlotte sospetta (come fu) "uccisa" dal fratello mentre lei era Roe Head.

alzarmi" pensai e lo feci di soprassalto. Avevo avuto abbastanza percezioni, vivide e morbose. Ogni vantaggio ha il suo corrispettivo svantaggio. Il tè è pronto. La signorina Wooler è impaziente.

14 ottobre 1836"

Scritto in due momenti abbastanza distanti tra loro (agosto-ottobre), questo frammento comincia a rivelare visioni più drastiche e confusionarie di personaggi che raccontano una storia nel breve attimo di una scena: un dottore che si lava le mani sporche di sangue. C'è una guerra, ci sono feriti, ci sono ragazze che assistono all'operazione ma che farebbero meglio a stare a casa a stirare per le loro padrone. E poi ci sono sempre quelle seccanti allieve con banali problemi di analisi grammaticale. Cosa vale la pena vivere? Il sogno irrealizzabile o la realtà sciatta che per un attimo fa parlare la ragione? Ma devo passare la mia vita in questa desolazione intellettuale nel trionfo della superficialità?

Mi accingo a scrivere perché non posso farne a meno[136]

"Mi accingo a scrivere perché non posso farne a meno. Wiggins[137] infatti potrebbe parlare di scarabocchio-mania[138] se mi vedesse ora, circondata da tori (scusate vitelli di Bashan[139]), tutti che si meravigliano perché scrivo a occhi chiusi – mi fissano, stupiti. Trattengano la loro meraviglia! A. C-k[140] da un lato, E. L-r[141] dall'altro e la signorina W-r[142] sullo sfondo. Stupidità nell'atmosfera, libri di scuola il lavoro, somara la compagnia. Cosa c'è che mi ricorda della divina, silente, invisibile terra del pensiero, ora tenue e indefinita come il sogno di un sogno, l'ombra di un'ombra?

C'è una voce, c'è un impulso che sveglia quel potere dormiente, che nel suo torpore talvolta credei morta. Quel vento, riversandosi con una corrente impetuosa nell'aria, sibilando selvaggiamente, ininterrottamente di ora in ora,

---

[136] Manoscritto di due pagine (11.3x18.6 cm) in scrittura minuscola, datato circa all'ottobre 1836, proprietà del Brontë Parsonage Museum. L'interruzione improvvisa è seguita dal dodici versi della poesia *Look into thought and say what dost thou see*.

[137] Pseudonimo di Branwell.

[138] *Scriblomania* in originale, termine inventato e usato da altri scrittori ottocenteschi.

[139] Salmi 21(22), 13 "*Mi circondano tori numerosi, mi assediano tori di Basan*".

[140] Ann Cook sorella maggiore della Ellen già citata.

[141] Ellen Lister.

[142] La signorina Wooler.

sprofondando il suo suono nella notte che avanza, senza venire a raffiche, ma con un rapido accumularsi tempestoso, quel vento lo so, ora si ode lontano nella brughiera a Haworth. Branwell ed Emily lo ascoltano e quando sibila sulla nostra casa, giù nel cimitero e intorno alla vecchia chiesa, forse pensano a me e ad Anne.

Glorioso! Quello scoppio era potente. Mi ricordò di Northangerland[143]. C'era qualcosa di impietoso nel pesante flusso che fece gemere la casa, come se a fatica sopportasse questo impeto accelerato. O, si è destato un sentimento che non posso appagare! Migliaia di desideri sorsero al suo richiamo, devono morire con me, perché non saranno esauditi. Ora dovrei essere in agonia se non dovessi costruire il sogno. La sua vita, le sue forme, le sue scene devono riempire un po' dell'insaziabile vuoto. Hohenlinden! Childe Harold! Flodden Field! La sepoltura di Moore[144]! Perché il sangue non può sgorgare dal cuore, il cuore svegliare la mente, la mente suggerire alla testa di fare cose come queste? Cose! Puà!

Mi chiedo se Branwell ha già ucciso la Duchessa[145]. È morta? È sepolta? È sola nella fredda terra in questa terribile notte, con una pesante, bara d'oro sul suo petto, sotto il pavimento buio di una chiesa, in una volta serrata da malta? Nessuno le sta vicino ove riposa – lei che fu vegliata nei mesi della sofferenza quando giaceva nel letto a baldacchino, ora è quasi abbandonata perché i suoi occhi sono chiusi, le labbra sigillate e i suoi arti freddi e rigidi. Le stelle si scorgono poco

---

[143] Personaggio del ciclo di *Angria*, nemico di Zamorna.
[144] Riferimenti letterari: T. Campbell, *Battle of Hohenlinden* (1802); Lord Byron, *Childe Harold's Pilgrimage* (1812-8); W. Scott, *Marmion. A tale of Flodden Field* (1818), C. Wolfe, *The Burial of Sir John Moore* (1817).
[145] Mary Percy.

tra le pesanti nuvole, mentre guardo oltre la finestra della chiesa al suo monumento funebre.

Una serie di strani pensieri mi stanno salendo alla mente. Spero sia ancora viva, in parte perché non posso tollerare di pensare che sia morta triste e senza speranza, e in parte perché la sua scomparsa, se fosse accaduta, per Northangerland sarà stata come l'estinguersi dell'ultimo bagliore che allontana la profonda oscurità.

Quali sono i pensieri di Zenobia[146] tra le grandiose solitudini di Ennerdale? Ella ora è da sola, in una grande, nobile stanza che trent'anni fa, tutte le notti sembrava così lucente e gioiosa come ora sembra solitaria e cupa. Sua madre era una delle bellezze dell'Ovest. Ora dorme nella polvere di una generazione passata. E c'è il suo ritratto – una donna elegante alla sua toletta. La vanità imponeva quell'atteggiamento. Paulina[147] si distingueva per i suoi abbondanti riccioli corvini e l'artista l'ha mostrata spettinata, i pesanti riccioli srotolati e lenti, le cadono sulle bianche braccia quando le alza per sistemare le masse arruffate. Là per ventinove anni si è seduta quell'amabile spagnola, sprezzante nel salone che soleva essere il suo. Vedrà la sua discendente, una più nobile versione di lei stessa – la donna di spirito altero e violento – ora seduta a quel tavolo, a pensare come difendere i suoi sentimenti orgogliosi e distrutti? Zenobia non è facilmente alterata dall'immaginazione. Sente ancora inconsciamente il potere di ___"[148]

---

[146] Lady Zenobia Ellrington innamorata di Zamorna e non voluta, sposa il suo nemico Northangerland.
[147] Paulina Louisiada, castigliana, madre di Zenobia.
[148] Interruzione del frammento, sullo stesso foglio viene abbozzata la poesia *Diving* (Look into thought and say what dost thou see) del 1837.

Temendo di perdere l'attimo della visione, scoppiato come il temporale che si sta riversando fuori e documentato effettivamente dalle cronache del tempo come uno dei più violenti che passò su Mirfield nel 1836, immaginiamo Charlotte alla luce di una candela di quel giorno che sembra notte, a scrivere il flash che l'assale. Un'altra fotografia angriana, mentre pensa che Branwell ed Emily, anche loro colpiti dal temporale, stiano scrivendo insieme e pensando a lei.

Il timore è che Branwell le uccida Mary Percy, moglie di Zamorna, cosa che effettivamente accadrà e a cui Charlotte porrà rimedio "resuscitandola" con fantasiosi espedienti che riportano in vita i personaggi "uccisi" dal fratello". La narrazione di *Angria* è una sequenza condivisa di eventi, là dove Branwell interrompe, lì Charlotte riprende. Ma quando sono lontani e non possono leggere le rispettive evoluzioni, devono andare a istinto.

La visione è interrotta ancora più violentemente rispetto al primo frammento. Lì fu per l'ingresso della signorina Wooler per il tè, stavolta è probabile che Charlotte fu interrotta da qualche allieva che chiedeva aiuto per i compiti. Destino inesorabile, copione che si ripete... e la visione ormai è andata, impossibile recuperarla, si è spento l'impeto, si è estinto il pathos.

I miei complimenti al tempo[149]

"*I miei complimenti al tempo. Mi chiedo* come sarà. Neve o sole? Tuttavia fatemene dimenticare. Mi sono seduta allo scopo di richiamare spiriti dal più profondo[150] e trascorrere mezz'ora di conversazione con loro. Silenzio! Bussano alle porte del pensiero e la Memoria accompagna gli ospiti. Gli ospiti! Ce n'è solo uno: un alto gentiluomo in soprabito blu e pantaloni di tela.

"Come state, signore? Sono felice di vedervi, accomodatevi. Un tempo proprio inusuale, signore! Come vanno le cose?"

Il gentiluomo, invece di rispondere, lentamente scostò dal collo e dal mento le pieghe di un grande fazzoletto di seta, ripone il leggero bastone che portava di fianco, prende posto con deliberata magnificenza e curva il biondo, sporgente sopracciglio sui chiari occhi azzurri, guardandomi fisso.

"A malapena bene, signore. Come vi chiamate?"

"John delle Highlands" rispose il gentiluomo con una voce la cui profondità fece vibrare i mobili. "John delle Highlands. Mi avete chiamato e io sono venuto. Ora qual è il vostro intento?"

---

[149] Manoscritto di sette pagine (11.2x18.6 ca. marzo 1837) in scrittura minuscola, proprietà del Brontë Parsonage Museum.
[150] Richiamo ai versi dell'*Enrico IV* di Shakespeare.

"Servo vostro, signor Saunderson[151]" dissi io. "Chiedo perdono per non avervi riconosciuto subito, ma davvero da quando vi vidi l'ultima volta il vostro aspetto è così aumentato in gentilezza e non è per nulla mesto, e sembrate più addolcito. Come sta la signora Saunderson, gli anziani e la piccola cara speranza di tutti i Saunderson?"

"Abbastanza bene, grazie. Prenderò un po' di tabacco, se ne avete – la mia scatola è vuota". Così dicendo il signor Saunderson offrì la tabacchiera dorata vuota, che velocemente riempii con rapè nero. La conversazione allora proseguì.

"Che novità si agitano dalle vostre parti?" chiesi.

"Niente di speciale" fu la risposta. "Il mese di marzo ha lasciato gli Angriani più folli che mai".

"Come? Stanno ancora combattendo?"

"Combattendo? Sì e ognuno di loro ha giurato sulla propria spada che continuerà a combattere finché avrà due stracci cuciti addosso".

"In quel caso penso che la pace sarà presto restaurata" dissi io.

Il signor Saunderson sbatté le palpebre. "Proprio un'osservazione sensata" disse lui. "Il signor Wellesley Senior fu mio compagno l'ultima volta che lo vidi".

"I sostegni della guerra non sono particolarmente forti nell'Est?" continuai io.

Il signor S-n sbatté di nuovo le palpebre e chiese un boccale di birra scura. Mandai a prendere la bevanda al Robin Hood dall'altra parte della strada, e quando fu portata al signor Saunderson, dopo che schiumò il boccale, ne prese un sorso profondo alla salute "dei coraggiosi e senza

---

[151] John Sneatchie Duca di Fidena, qui il nome era inizialmente Sneatchie, poi sostituito da Saunderson.

camicia!" Io aggiunsi a bassa voce: "ai vermi vittoriosi!". Mi ascoltò e osservò con un grave cenno di approvazione, "molto gioviale".

Dopo esserci immersi un po' nel silenzio, il signor S. parlò di nuovo ----[152]

Il signor Saunderson non parlò più. Se ne andò come la fantastica creazione di un sogno. Fui chiamata ad ascoltare una lezione, e, quando ritornai alla mia scrivania, scoprii che l'umore che aveva ispirato quell'allegorica fantasia era irrevocabilmente svanito. Trascorsero una quindicina di giorni da quanto scrissi sopra. Questa è la prima mezz'ora libera da allora e ora, una volta ancora in un triste sabato sera, mi siedo tentando di radunare attorno me pallide ombre, non di eventi prossimi, ma di eventi da tempo andati, di sentimenti, di piaceri, le cui squisite attrattive talvolta temo non siano più mio destino assaporare di nuovo.

Pochi crederebbero che da fonti puramente immaginarie possa derivare la felicità. La penna non può ritrarre la profonda attrattiva delle immagini, dei continui treni di eventi, di cui sono stata testimone in quella piccola stanza dai bassi, stretti e spogli letti, dai muri imbiancati a venti miglia di distanza[153]. Che tesoro è il pensare! Che privilegio è il sognare. Sono grata di avere il potere di consolarmi sognando mondi la cui realtà non contemplerò mai. Che non possa mai perderlo! Che mai possa sentirlo indebolirsi! Se accadesse, quale poco piacere la vita mi offrirebbe – i suoi

---

[152] Interruzione del frammento che viene ripreso circa quindici giorni dopo.
[153] Si riferisce alla sua stanza a Haworth, il cui letto divideva con la sorella Emily secondo una pratica comune del tempo.

periodi di ombra sono così vasti, così cupi, i suoi raggi solari così limitati e pallidi!

Il ricordo concede molti frammenti delle ore passate al crepuscolo in quella piccola stanza senza mobili. Là mi sedetti sul basso letto, i miei occhi fissi sulla finestra, attraverso cui non compariva altro panorama se non una monotona distesa della brughiera, la torre di una chiesa grigia al centro di un cimitero così pieno di tombe, che le rigogliose erbacce a stento trovavano spazio per crescere tra i monumenti. Con questo negli occhi della memoria, un cielo sospeso di nubi grigie che spesso velano il freddo di un imminente giorno di ottobre, ove bassa sull'orizzonte, brilla a intervalli attraverso un ammasso di nuvole, la sfera di una luna spettrale e velata.

Questa era l'immagine che proiettava i suoi riflessi nei miei occhi, ma che non comunicava impressioni al mio cuore. La mente sapeva, ma non ne percepiva l'esistenza. Se ne andò. Si era lanciata in un viaggio lontano. Forse stava avvicinandosi a lidi di qualche isola lontana e sconosciuta, sotto le cui scogliere nessun brigantino aveva mai gettato l'ancora. In altre parole, forse in quel momento, un lungo racconto stava evolvendosi nella mia mente, la storia di un'antica e aristocratica famiglia – i resoconti leggendari della sua origine, non conservata scritta ma tramandata a voce da anziani custodi, diffusa dalla tradizione su e giù per i boschi e le valli della contea o del ducato o della baronia. La sensazione di antiche strade piantate a querce da avi di trecento anni fa, dimenticate dagli attuali discendenti, di gallerie popolate da ritratti silenti, non più amati e valorizzati, ora non vivono per nessuno che ricordi l'essenza di quelle ombre.

Allora con uno sguardo d'addio alla famiglia della chiesa, con un pensiero rivolto all'ampia, profonda volta giù sul pavimento, il mio sogno si sposta verso qualche lontana città, a un'enorme metropoli imperiale, dove i discendenti dell'ultimo nobiluomo, giovani signori e signore, risplendono in gioiosi circoli di patrizi. Abbagliata dalla brillantezza delle corti, forse con le ambizioni dei senati, figli e figlie hanno quasi dimenticato i boschetti in cui nacquero e crebbero. Quando li vidi – nobili e affascinanti, scorrere attraverso quei saloni dove molte altre ben note sagome il mio sguardo attraversava, dove c'erano volti sollevati, occhi sorridenti e labbra mosse da discorsi nobili, che conosco quasi meglio di mio fratello e delle mie sorelle, le cui voci ancora non hanno mai echeggiato in questo mondo, i cui occhi non sono mai fissi su quell'alba – quali gloriose associazioni mi riempiono, che eccitazione riscalda il mio viso e mi fa stringere le mani in estasi!

Ho anche dimenticato l'antica villa. Ho dimenticato i grandi alberi con le loro solitarie radure abitate solo da cervi. Non pensavo più alla cappella gotica sotto il cui pavimento marciscono le ossa di centinaia di baroni. Cos'erano allora per me le ballate delle nonne, i racconti degli anziani dai capelli grigi di quel remoto villaggio nella Tenuta Annesley?

Guardai Lady Amelia, la figlia più grande, che stava vicino a una spaziosa, alta finestra, con scale di marmo che scendono su un assolato prato, in mezzo a roseti in boccio, una signora dai tratti affascinanti e in piena fioritura. Proprio ora è squisitamente bella, sebbene quell'estrema lucentezza la cui eccitazione e felicità si stanno concedendo, presto svaniranno. Ho visto trascinare il vestito estivo, i cadenti e ondeggianti ricci sul collo, l'inconsueto rossore della sua carnagione e dei suoi brillanti occhi sorridenti. Li vedo ora – ella sta guardando verso quel circolo di patrizi. Sta ascoltando suo fratello raccontare dei nomi e dei titoli di molti che accedono alla gloria della fama, i monarchi del pensiero. È stata presentata a qualcuno. Quando passano, le parlano.

Li sento parlare tanto quanto lei. Vedo chiaramente le loro figure, e sebbene sola, provo tutti quei sentimenti di chi è ammesso per la prima volta in una grande cerchia di esseri antichi, riconoscendoli dal tono, dal gesto e dall'aspetto di centinaia che non ho mai visto prima, ma di cui ho udito e letto molte volte. Non è questo un divertimento? Non sono abituata a questa magnificenza che mi circonda, al riflesso di specchi così grandi, alla bellezza delle statue di marmo, a morbidi, tappeti importati, stanze ampie, alti soffitti dorati. Non so nulla della gente di rango e raffinatezza, ancora mi stanno davanti in folle, in moltitudini. Arrivano, vanno, parlano, chiamano e non come fantasmi illusori, ma come nobiluomini e signore in carne e ossa.

C'è uno scopo in tutto questo. Conosco la casa. Conosco la piazza in cui si trova. Vivo questo giorno. Scendo le scale verso il vestibolo. Vedo il custode alla porta. Percorro stanze e gallerie finché raggiungo questo salone. Non è divertente gettare uno sguardo su queste mutevoli espressioni, a marcare le varie caratteristiche di quegli ospiti di nobile e celebrata nascita, qualcuno gaio e giovane, qualcuno orgoglioso, [?freddo] di mezza età, un po' curvo e venerabile, qua e là una testa a riposo nell'ombra, un viso lucente e perfetto, con occhi coloriti da una divina espressione, la cui percezione fa tremare il cuore dal profondo?

Qualcuno sta per arrivare – una signora. Non scriverò il suo nome, sebbene lo conosca. Nessuna storia è legata alla sua identità. Lei non è una dei trascendenti giusti e inaccessibili sacri esseri, i cui destini sono intrecciati col più alto degli alti esseri, di cui non parlo in questo ritratto generale. Lontano da casa non posso scrivere di loro, se non in totale solitudine. A fatica oso pensarli.

Questo visitatore senza nome e informale ha attraversato il salotto e affianca Lady Amelia. La guarda e le parla. Spero di poterne tracciare un ritratto, così vivido, così ovvio ora. È originaria dell'Est. Non ho mai visto un più ricco esempio di signora angriana, con tutte le caratteristiche del suo paese, una donna di tale perfezione.

È piuttosto alta, ben tornita, con collo paffuto e spalle bianche come neve, tese, profuse ciocche di colore rossiccio, ma eleganti e fini come seta e con soffici ricci sulle guance e intorno alla fronte. La dolcezza dei tratti così disegnati è inesprimibile: la bella piccola bocca, il mento ovale e gli eleganti occhi vivaci, il franco e gioioso sguardo, la pelle chiara col suo colorito in salute. Il vestito di leggero satin blu, elegantemente in contrasto coi capelli e la carnagione, le perle a circondare il bianco polso, i movimenti della sua figura, non marcata dalla grazia incedente dell'Ovest, ma non studiata, immediata e naturale, la risata sempre pronta, il suono della sua voce – il rapido, improvviso, ma dolce e chiaro discorrere, possiedono un fascino proprio, molto diverso dalla ricca, bassa, calma melodia che fluiva dalle labbra delle figlie di Senegambia. I veloci sguardi a indicare un calmo ed eccitabile temperamento; l'espressione mista di bontà e orgoglio, spirito e buon cuore predominano in ogni tratto. Tutto ciò è così chiaro davanti a me come la calma immagine di Anne, seduta a fare i suoi compiti al lato opposto del tavolo.

Jane Moore, questo è il suo nome, è stata a lungo celebrata come una bellezza in tutta la provincia di Arundel, tra i cui verdi pascoli vive il suo distinto padre nella nuova villa, con tutti i suoi deliziosi campi e le nuove piantagioni in questo caldo giorno di primavera, a sbocciare delicatamente e rapidamente quanto le foreste del Kentucky. George Moore Esqr. è un uomo in ascesa, uno di quelli le cui fortune risalgono alla notte in cui Angria fu dichiarata regno. È un commerciante, inoltre, ha un enorme deposito a Doverham e una nave o due nei porti, costruiti da lui e battezzata Lady Jane come la sua bella figliola. Ella non è l'unica figlia coccolata. Moore, come un vero angriano, ha dato allo stato qualche mezza dozzina di tozzi giovani e un uguale numero di ben cresciute ragazze, la maggior parte della quali, ora sono seri uomini professionisti e giovani matrone nobili, sono sposati nelle famiglie più in vista della provincia, e ognuno si è stabilito in case proprie tra le praterie.

Ma Jane è la più giovane, la più carina, la rosa dell'intero bouquet. È stata la più istruita e per natura era una di quelle i cui spiriti, modi e aspetto tendevano a elevarsi ovunque andasse. Jane ha abbastanza considerazione di sé per sdegnare ogni offerta[154] che non comprenda una corona – e deve essere anche una corona angriana. E ci devono essere ricchezza e proprietà, e una casa nobile e servitori e carrozze e ogni risorsa e accessorio che una gentile bellezza si suppone richieda per sistemarsi.

Sono preoccupata che Jane Moore, malgrado la sua naturale vivacità e alta educazione, non abbia niente del profondo raffinato romanticismo dell'Ovest. Temo che a stento sappia cosa significhi ciò. Ella è infatti come ogni manifatturiere di Edwardston e ama anche ricevere parimenti a quanto da. Con palese franchezza, ella riconosce che questo mondo non vale nulla senza lampi e splendori qua e là. Se Jane fa tutto bene, ella gradisce assolutamente che le sia detto. Gradisce la compagnia – per nessuna cosa al mondo vivrà sola. Lei non ha idea di cosa significhi suonare un

---

154 Intende matrimoniale.

motivo o cantare una strofa malinconica da sola al tramonto. Una o due volte si è trovata sola la sera, quasi al tramonto, nel grande salotto a Kirkham-Wood, ed è andata alla finestra a guardare il giardino ove si radunavano rugiadosi boccioli e al prato dal verde tappeto muschiato, e alla carrozza che camminava tortuosamente verso il cancello, e oltre quello, al largo, vasto e prospero paese radente, tutto verde, tutto aperto con un sorriso alla luce della luna raggiante nel cielo al di sopra. E quando Jane guardava, qualche insolito sentimento sembrava gonfiarsi nel suo cuore, ma se le chiedete il perché, i suoi occhi brillano, così ella non vi risponderebbe "la luna è così deliziosa" ma "Angria è una terra così gloriosa".

Allora quando la signorina Moore si volse alla finestra e guardò intorno nella stanza deserta, col fuoco tremolante che si agitava mescolandosi in sagome, quando si alzava e si dirigeva nella poltrona del padre, sedeva in silenzio ad ascoltare i suoi passi, forse cadeva in sogni astratti e cominciava a ricordare giorni passati e ricordava la sorella maggiore, che morì quando lei era una bambina, e pensava al giorno del funerale, al rigido e allungato corpo disteso nella bara sull'altare, ai servitori che si spingevano per fissare la signorina Harriet per l'ultima volta, al bacio che lei stessa fu invitata a darle, al sentimento che poi per primo si scatenò nel suo cuore infantile e irascibile, ossia che Harriet li aveva lasciati per sempre.

Ella ricorda il contrasto che trafisse la sua mente nel ricordo della sorella morta e di quella viva, l'alta ragazza di diciotto anni che ha lasciato la scuola, che aveva sempre il privilegiò di stare in salotto quando il signore e la signora Kirkwall e Sir Frederic e Lady Fala venivano a fare la loro visita annuale, che aveva il proprio salotto con la toletta e il suo beauty case, che soleva così gentilmente venire nel nido qualche volta dopo cena a portarli tutti giù nel salotto, dove avrebbe cantato per loro e suonato marcette e valzer al piano. Molto deliziosa e un po' tremenda poi sembrò agli occhi di Jane. La sua statura maggiore, il suo affascinante vestito, l'orologio d'oro e le collane, le doti nel disegnare, suonare, leggere libri in francese e in italiano, tutto la investiva dell'ordine di un essere superiore.

Con questi ricordi, arriva una voce che Jane soleva udire sussurrare tra la domestica e la balia, che sua sorella stava per sposare il signor Charles Kirkwall – e con ciò salta all'immagine di Charles: un alto, giovane uomo, che in quei giorni era un visitatore non infrequente nella Hall. Egli accompagnava sempre la signorina Moore nelle sue passeggiate e a cavalcare: spesso dalla finestra della stanza Jane li aveva visti entrambi montare a cavallo ed elegantemente andar via. Ella ricorda la figura di sua sorella piegata sul collo della sua bella giumenta, Jessy, i lunghi riccioli e il velo e l'abito porpora fluenti al vento. E ricorda anche Charles, i suoi tratti diligenti e l'occhio penetrante, sempre a guardare la signorina Moore.

Allora da quelle forme di vita, dal viso gentile e piacevole di Harriet in salute, mai molto colorito, ma illuminato da morbidi, occhi grigi e dalla dolce lucentezza, la memoria di Jane volse al bianco, contratto corpo cieco. Ella sobbalza e una lacrima cade sul suo abito di seta. Chiedetele perché piange. "Perché mi demoralizza stare sola" risponderà. Questo non è l'aspetto di Jane Moore; l'ispirazione del crepuscolo – la solitudine – la riflessione malinconica, è aliena alla sua natura.

Entro in questa grande sala da riunione piena di grandi angriani. Un ballo pubblico celebra il terzo anniversario dell'Indipendenza. Che luce! Che scintillio di gioielli e sciarpe scarlatte e piume! Che tumultuoso crescere di melodia!

Proviene da un singolo strumento e il motivo è quello del trionfo. Prosegue in quell'intervallo. Non potete vedere il grande piano a mezza coda per il circolo di illustrissima[155] che vi si affolla intorno. Ascoltate! Una voce elettricamente dolce e dai toni emozionanti. La gloriosa canzone della vittoria di Angria, "Suonino Forte i Tamburi"[156].

Venite più vicino, alzate gli occhi e guardate la cantante. La conoscete, piumata, vestita di vermiglio, con guance raggianti e grandi occhi blu che dicono eloquentemente quali sensazioni le brezze di Angria, inspirino nelle sue figlie – Jane Moore. Quel sentimento non finirà. Morirà nell'oblio quando gli echi di quelle corde sfumeranno nel silenzio. Anche quell'espressione lascerà i vostri occhi, quel rossore, le vostre guance, e guarderete intorno e riceverete indifferenti risate alla prima parola di complimenti di quell'elegantone al vostro fianco. Ancora il vostro spirito può elevarsi. Può rispondere a una chiamata eroica. Non sei tutta vanità egoista, tutta vuota apparenza. Sei un'affascinante, generosa, intelligente, vistosa, orgogliosa, donna autoritaria."

Questa sequenza più di tutte rappresenta lo stato mentale di Charlotte. Il sogno va, è interrotto, ritorna, si confessa meno intenso e poi sboccia ed è sempre ricchezza visiva, di immagini lucenti, dame da invidiare, dame in cui immedesimarsi, nomi e luoghi di quel mondo vasto e quasi enciclopedico creato dai piccoli Genii.

Charlotte vive ancora in quella fase della fantasia giovanile che idealizza una vita al suo massimo splendore,

---

[155] In italiano nel testo, Charlotte intende *illustrissimi* (illustrissime persone).
[156] L'inno di Angria composto da Henry Hastings, personaggio angriano.

completamente diversa da quella che sarà immaginata nel più profondo della realtà, quando inizierà a scrivere di se stessa. Ora deve ancora eccedere, deve sognare la fragorosa Angria, con tutti i suoi abitanti che nello Yorkshire non potrebbero mai esistere. Quali dimore e persone aristocratiche aveva visto davvero per poterne parlare nei suoi racconti? Effettivamente nessuna. Per quanto avesse visitato delle case benestanti con relativi padroni, niente è paragonabile all'immagine di superiorità che pervade Angria. Ma se ci facciamo caso, almeno in queste pagine di diario, gli elementi descritti sono sempre gli stessi. Le donne dai capelli arricciolati e fluenti, vestiti struscianti, saloni addobbati di specchi, luci e vasi dipinti, uomini che parlano di guerra, ville e prati verdi, città luminose e in lontananza, prati, boschi e cervi. Queste cartoline, scatti fotografici, immagini fisse e che pur si muovono, ci danno la sensazione di fissità, Charlotte dona una luce interna negli ambienti che riporta sempre a una notte al di fuori. E se anche ci parla di un sole che illumina il paesaggio, la sensazione è quella di una notte perenne e il sogno va da lui, anche quando non è confessato: "Mio Re, Marito Mio, la mia unica Divinità", "Zamorna, devo dormire in pace e svegliarmi al sicuro?"[157] Che passione! Come non possiamo riconoscere in questo passaggio di *My Angria and the Angrians* (1839) il prototipo di Rochester, costruito qualche anno dopo sull'impetuoso Zamorna?

Ora, negli ultimi giorni di Roe Head-Dewsbury Moor comincia a formarsi la concezione dell'eroe brontëano: quello costruito principalmente sui peggiori difetti umani, intesi come morali, derivanti dal calvinismo di Charlotte e dalla poetica di Byron. Se taluni trovano conforto nella

---

[157] Gérin 1967, *op. cit.*, p. 80.

lettura delle scritture sacre, tipico "passatempo" dei comuni, figuriamoci in casa di un ecclesiastico. Ma se pensate che Charlotte si dedicasse a scandagliare i passi più incoraggianti della Bibbia (*Vangeli* che narrano e *Salmi* che consigliano) vi sbagliate. Charlotte si carica – come se ne avesse bisogno – di un linguaggio duro, forte, di scenari peggio che apocalittici, perché l'*Apocalisse* narra un futuro tremendo, ma *Isaia* minaccia i presenti con l'ira del Signore, armato di una mano punitrice che non lascia scampo a nessuno, il *dies irae*.

Nutrita e sazia, e ancora si nutre fino a scoppiare, con queste letture "punitive" dei peccati passati (Gomorra, Moab, Samaria, Babilonia ecc.) precursori di un futuro che vedrà l'umanità colpita ancora dalla "mano stesa" del Creatore, Charlotte non può mettere fine alla propria esistenza sacrificata come il suo Signore fa coi popoli peccatori, da un momento all'altro, senza preavviso:

"Con tutto ciò non si calma la sua ira
E ancora la sua mano rimane stesa"[158]

Con tutto ciò non si calma la sua angoscia e la sua mano rimane inerme... subisce il ruolo passivo del sognatore posseduto dal suo sogno, non può stare tranquilla a scrivere... a casa... ho bisogno di andare a casa.

---

[158] Isaia 9, 20.

È da una settimana che ho ricevuto una lettera di Branwell[159]

"È da una settimana che ho ricevuto una lettera di Branwell contenente un'epistola squisitamente tipica di Northangerland a sua figlia. È stupefacente quanto sia rassicurante e delizioso il tono che quella lettera sembra comunicare. Ho continuato a viverne i contenuti per giorni. In ogni pausa di lavoro s'intrometteva come nelle pause di una battuta musicale, portando con sé pensieri gradevoli verso cui mi sono sentita estranea per molte settimane – delle scene che possono nascere come conseguenza a quella lettera inaspettata, qualcosa di sconnesso con quella, riferito ad altri eventi, altre sensazioni. Queste non erano impressionanti e commoventi scene di eventi – no, erano tranquille e solitarie nella loro peculiarità, come taluni giorni si potrebbero osservare nei circoli più intimi della più alta società.

Una tenda sembrò salire e svelarmi la Duchessa, quando ella apparve nuovamente e vestita con abito leggero per il mattino, mentre scopre i contenuti della lettera di suo padre rimasta sulla tavola della colazione. Non c'è nulla di paragonabile a quell'idea, ma i luoghi dell'immagine sono così nitidi, la stanza così chiara, il fuoco limpido del mattino, la finestra che non volge a nessun oggetto ma a un freddo

---

[159] Manoscritto di una pagina (11.3x18,4 cm, ca. ottobre 1837) in scrittura minuta, proprietà del Brontë Parsonage Museum.

cielo ottobrino, eccetto quando vi avvicinate di più per guardare giù, a una terrazza lontana, di sotto e ancora a una distanza vertiginosa che stordisce, su un cortile verde con una fontana e un filare di maestosi tigli, più in là, una strada ampia, un più vasto fiume e una grande metropoli – lo percepite come il Palazzo di Zamorna, poiché palazzi su palazzi, ammassati attorno, circondano questo piccolo, circolo verdeggiante, col suo bacino di marmo che contiene lo zampillo e il suo boschetto di fogliame fiorito. Al di sopra cinquanta finestre guardano il cortile, illuminando, non immaginate, quali splendide e spaziose camere.

La Duchessa ha letto quella lettera e sta seguendo i passi dello scrittore – non sa dove, ma con una vaga idea che non siano scene piacevoli. La sua immaginazione lo colloca in situazioni strane – nella locanda di una città portuale, seduto da solo in un'umida e ventosa notte d'autunno, il cui incessante ruggito del mare – dell'Atlantico, alle cui severe onde egli domani affiderà se stesso su quel vaporetto – sibilante tra le folle di pali della darsena. Ella guarda dalla finestra e là, all'alto tetto e alla nobile facciata della casa di Northangerland, torreggiante come un grande teatro sulle strade di Adrianopolis. Il proprietario di quell'edificio è un uomo senza dimora."

Una pagina breve, l'ultima, un'altra velocità di pensiero. Stavolta non sembrano esserci interruzioni da parte delle collegiali o delle Wooler. In genere se così, Charlotte aveva il tempo di scriverlo. Siamo nell'ottobre 1837, l'anno peggiore, cresce il bisogno di amare ed essere amata, ma non dall'uomo ideale che mai arriverà, quanto dal mondo che la circonda, dalla famiglia, dalle sorelle, dal fratello, dai suoi stessi sogni che la perseguitano.

È l'anno della decisione, quella che deve mettere in cassaforte, la sigilla nel cuore, non riesce a farlo, non riesce a lasciare tutto, non deve, non può, non ha coraggio. L'unica scusa buona sarebbe insegnare altrove, un sacrificio meno assillante di quello che aveva sperimentato a sufficienza. Era tempo di insegnare, in un altro modo. Tempo di scendere più in basso di Roe Head, andare come istitutrice privata, circa due anni dopo, dai Sidgwick. Per il momento doveva trovare la scusa adatta e il giorno giusto per dirlo al padre. La scusa era reale: non sopportava quella vita. Il giorno giusto: fine delle vacanze del 1838. Il 1839 doveva iniziare in un altro modo: restando a Haworth. Liberazione. Per poco...

Charlotte Brontë nel 1839 provò un'esperienza lavorativa presso la famiglia Sidgwick di Stonegappe come istitutrice. L'abbandonò dopo poco tempo. Nel 1841 col progetto di aprire una sua scuola nella Canonica di Haworth, si trasferì a Bruxelles per migliorare la propria preparazione. Pare che lì s'innamorò del prof. Héger. Da quell'esperienza nacque la stesura del suo primo romanzo rifiutato, *Il professore*.

Nel 1844 il Reverendo Brontë fu operato di cataratta. L'intervento non gli assicurava né la vista né la vita. Si dice che durante la degenza Charlotte iniziò a scrivere *Jane Eyre*. Nel 1847 dopo ripetuti tentativi, il libro fu pubblicato dalla Smith, Elder&Co. Il successo arrivò anche oltre oceano. Due mesi dopo, Emily e Anne pubblicarono rispettivamente *Cime tempestose* e *Agnes Grey*. Un anno dopo, il loro sfortunato fratello Branwell muore, consumatosi nell'animo. Dopo due mesi Emily lo segue nella tomba. Qualche altro mese dopo, toccò ad Anne. Rimasta sola col padre, Charlotte cedette alla coerenza di una vita e sposò nel 1854 il Reverendo irlandese Arthur Bell Nicholls. Aveva già pubblicato *Shirley* e *Villette*. Morì il 31 marzo 1855, amata, amava, forse incinta, non sapeva o forse sì, di aver raggiunto il suo scopo: l'immortalità.

CONCLUSIONI

Composto tra il 1836 e il 1837, il diario di Roe Head è il cuore di questo racconto. Non vogliamo considerare queste pagine come un saggio e basta. Vi abbiamo narrato quel periodo di vita che formerà il destino di una grande scrittrice.

Voglio concludere questo viaggio nei primi anni di Charlotte con delle domande. La prima: come sarebbe stata la vita della nostra amica senza Roe Head? Nel primo periodo si scoprì ragazzina vivace come tutte le altre nonostante l'avvio un po' stentato. E si scoprì ragazzina speciale al di sopra delle altre. Anche le compagne lo capirono. Forse senza quell'esperienza a scuola, non avrebbe mai assaporato altra libertà.

Seconda domanda: chi sarebbe stata Charlotte senza il ritorno a Roe Head? Avrebbe scritto le stesse cose se non avesse toccato con mano dolori che si aggiungevano a dolori? Charlotte a casa era libera di fare e di pensare. Roe Head la relegò a essere donna comune. Se non avesse vissuto queste due condizioni, ma solo la prima, siamo sicuri che avremmo avuto la stessa intensità in *Jane Eyre*? Qui non v'è risposta. Solo supposizione. Soggettiva. A voi la scelta. *Jane Eyre* è frutto soprattutto del fallimento scolastico di Cowan Bridge e del secondo Roe Head. Non in senso culturale quando in senso caratteriale, formativo. Viene quindi spontanea un'altra domanda: se odiava tanto insegnare, perché poi pensò di aprire un scuola collegiale nella Canonica? Obbligo. Che altro poteva fare? In quel modo lei

177

e solo lei avrebbe scelto come insegnare, padrona di se stessa, senza signorine Wooler, senza nessuno a comandare. Prigioniera del lavoro ma libera di farlo come voleva. A Roe Head, Charlotte scoprì di non essere come le altre donne: né lei né Mary Taylor avevano intenzione di cedere allo stereotipo sociale femminile del tempo. Dovevano lavorare. Dovevano rischiare.

Quante domande... Portano quasi tutte alla stessa risposta, alla stessa reazione. Charlotte doveva prendere in mano la propria vita senza aspettare un uomo che la mantenesse o un fratello che l'aiutasse. Domestica o istitutrice. Nessun matrimonio, mai di convenienza, aveva rifiutato la proposta di Henry Nussey, fratello di Ellen. Poteva cedere. Poteva accontentarsi e invece cercava l'amore. Henry, non sono fatta per te... tra le righe significava: Henry tu non mi dai il brivido di Zamorna. Forse non si presenterà nessun altro a chiedermi in sposa, io che sono senza dote e senza fascino esteriore. Fu salda nella coerenza finché poté.

Terza opzione: scrivere... sì. Ma questa soluzione era ancora lontana come scelta ed era la più rischiosa e la meno sicura. Prima di convincersene doveva passare per Bruxelles, innamorarsi – forse sì, forse no – di un professoruncolo sposato, acido e pignolo, farsi cacciare dalla subdola moglie, tornare senza più progetti (anche se tentati), sbattere contro la cataratta del padre che poteva lasciarla orfana e povera e dire basta, basta sacrificio, basta scendere invece che salire. Io sono Charlotte, Charlotte Brontë, è tempo di scrivere per diventare famosa, perciò ti chiudo, Caro Diario e prendo altra carta, pennino nuovo, inchiostro fresco, per qualcosa di diverso. Poi quel diverso fu *Il professore* che proprio nessuno voleva pubblicare.

Del periodo di Roe Head, specie il secondo, abbiamo una mole di poesie e prosa che devono essere considerati la base su cui poi Charlotte costruì i suoi romanzi e in un modo particolare: non considerarli affatto! Nel momento in cui da insegnante depressa abbandona Dewsbury Moor e scrive *Addio ad Angria*, Charlotte mette non una pietra, bensì un macigno sul passato e crede di poter o dover ricominciare. Pensava di aver guadagnato la libertà lasciando l'insegnamento. Voleva solo la tranquillità, voleva solo non essere più interrotta, disturbata, non sapeva che per avere pace prima doveva superare ostacoli sotto forma di bare e funerali, compreso il proprio.

Il 1839 segna una data di passaggio non di cesura. Non come voleva lei. Il perché è facile da spiegare: dimenticare per sempre quel che scrisse negli anni di scuola, significava lasciare l'adolescenza ed entrare nella maturità. È vero, è un processo naturale, ma se si può ritardare... Lasciare le fantasia dell'ingenuità significava andare a lavorare e basta sognare. In questo Charlotte limitò se stessa. Ma attenzione. Non che non volesse lavorare, anzi. Il problema era trovare un impiego che non la degradasse e l'unico, davvero l'unico era il più difficile da realizzare: scrivere per professione.

Scrittrice. Donna. Donna scrittrice. Che dramma! Ma perché no? Quante donne scrittrici avevano vissuto grazie a proventi dei libri? Diciamolo meglio: quante donne avevano vissuto agiatamente e indipendenti grazie allo scrivere libri? Poche. Il più delle volte la fama *post mortem* corrispondeva alla fame *in vitam*. Non sarebbero bastati mille Zamorna a sfondare il pregiudizio letterario e l'orgoglio femminile (scusa Austen, è spontaneo...) per dare alla piccola occhialuta sconosciuta della brughiera la fama e i soldi. Questo non fu certo il motivo o meglio, la scusa per non provarci. Grazie agli scritti di Roe Head, tutti, Charlotte sapeva cosa non dare in pasto al lettore e, peggio ancora, ai voraci e spietati critici letterari, quelli nati per distruggere i sogni di tanti autori col loro commentino soggettivo ritenuto una verità universalmente riconosciuta (ancora tu, Austen!).

Grazie a Roe Head, Charlotte scoprì che le poesie erano proprio la parte peggiore del suo progetto segreto... e allora sssh... ci provo lo stesso... Emily, Anne, quel libro di poesie lo facciamo ma ci nascondiamo dietro a nomi maschili, così ci giudicheranno meno peggio. Currer, Ellis e Acton Bell... se successo sarà, allora grideremo al mondo che siamo donne e se sconfitta sarà, nessuno lo saprà.

Lo sappiamo, sconfitta fu... ieri. Oggi salviamo molto di quelle poesie. La poesia è l'anima in cammino di un autore e il percorso è sempre, sempre accidentato. Nessuno ha il diritto di giudicare una persona, nessuno ha il diritto di giudicare un'anima e, per proprietà transitiva, nessuno ha il diritto di giudicare una poesia. La poesia non racconta, la poesia è. È il dolore dell'autore, la sua gioia, la sua luce, il suo buio. La poesia non racconta, la poesia esprime, rivela, confessa.

Per Charlotte non poteva essere altro che il *gloomy* del suo io, del suo intorno. Questa parola, *gloomy*, che in italiano ha tante traduzioni e tutte si annullano rispetto all'originale: buio, scuro, cupo, tetro... Quale gioia c'era nel veder morire le sorelle, nel vederle ammalarsi, nel destino che non sembrava dare speranza. Tutto era *gloomy*. Destino, che fai, ti accanisci? E allora poesia. Per urlare a quel destino che tutto è *gloomy*, ma proprio lì si accende una piccola luce, in un mare nero, in uno spazio senza forme, nero, pure lui e in quella lucina, appare il fuoco fatuo che sempre tornerà in Charlotte. Ella s'impone, prima a se stessa, poi a lui... ti sfido destino, per ora imparo, per ora soccombo, per ora aspetto ma un giorno mi sveglierò... lascio Roe Head, insisterò a lavorare
180

come una donna comune, ancora un po'... dorme il cuore,
oltre la prima stella.

APPENDICE I

PROSA DI CHARLOTTE BRONTË
1831- 1838

A Fragment (11 luglio 1831)
"About 9 months after my arrival at the GT" (dicembre 1831)
The Bridal (14 luglio-20 agosto 1832)
The African Queen's Lament (12 febbraio 1833)
Something about Arthur (1 maggio 1833)
The Foundling. A tale of our times (31 maggio-27 giugno 1833)
The Green Dwarf. A tale of perfect tense (2 settembre 1833)
The Post Office (27 settembre 1833)
Brushwood Hall (1 ottobre 1833)
The Tragedy of the Essay (6 ottobre 1833)
The Fresh Arrival (7 ottobre 1833)
The Tea Party (7 ottobre 1833)
"Everybody knows how fond Arthur s of patronizing rising talent (9 ottobre 1833)
The Vision (ca. ottobre 1833)
The Secret e *Lily Hart* (7 novembre 1833)
Last will and testament of Florence Marian Wellesley Marchioness of Douro Duchess of Zamorna and Princess of the Blood of the Twelves (5 gennaio 1834)
A leaf from an unopened volume (17 gennaio 1834)
High life in Verdopolis (20 febbraio-20 marzo 1834)
A Peep into a Picture Book (30 maggio 1834)

A day abroad (15 giugno 1834)

Corner dishes (16 giugno 1834)

The Spell, an extravaganza (21 giugno 1834)

Florian Wellesley (21 luglio 1834)

Address to the Angrians by his Grace the Duke of Zamorna (15 settembre 1834)

Speech of his Grace the Duke of Zamorna (20 settembre 1834)

My Angria and the Angrians (14 ottobre 1834)

A brace of Characters. John Augustus Sneachie (30 ottobre 1834)

"Well Etty" said I (ca. 5? dicembre 1834)

Extracted from the last number of the Nothern Review (5 dicembre 1834)

Letter to the right honourable Arthur Marquis of Ardrah (6 dicembre 1834)

A late occurrence (ca. gennaio 1835)

Duke of Z & E Percy (24 gennaio 1835)

From the Verdopolitan Intelligencer (16 marzo 1835)

Duke of Zamorna and Edward Percy (16 marzo 1835)

The Scrap Book, a mingling of many things (19 marzo 1835)

Passing Events (21 settembre-aprile 1836)

"And when you left me" (19 luglio 1836)

Autobiographical fragments (14 ottobre 1836)

The return of Zamorna (24 dicembre 1836-gennaio 1837)

Julia (19 giugno 1837)

A prose story (29 giugno 1837)

Four years ago (21 luglio 1837)

Mina Laury (17 gennaio 1838)

Stancliffe's Hotel (28 giugno 1838)

The Duke of Zamorna (21 luglio 1838)

"But it is not in Society that the real character is revealed" (ca. fine 1838?)

APPENDICE II

POESIA DI CHARLOTTE BRONTË[160]
1831-1838

On the bright scenes around the spread (17 gennaio 1831)

Lo! Stretched beneath the clustering palm (11 luglio 1831)

The Fairies' Farewell (11 dicembre 1831, The trumpet hath sounded)

Oh! There is a land which the sun loves to lighten (25 dicembre 1831)

He is gone, and all grandeur has fled from the mountain (20 agosto 1832)

Lined on Bewick (27 novembre 1832)

Lament (febbraio 1833? O Hyle!)

Justine, upon thy silent tomb (febbraio 1833?)

Death of Lord Rowan (26 maggio 1833)

Lord Edward and his Bride (2 settembre 1833)

The Haunted Tower (1 ottobre 1833)

The Red Cross Knight (2 ottobre 1833)

Lines written beside a Fountain in the grounds of York Villa (7 ottobre 1833)

Richard Coeur de Lion and Blondel (27 dicembre 1833)

The moon dawned slow in the dusky gloaming (17 gennaio 1834)

---

160 Ove reso in corsivo si tratta dei titoli ufficiali, altrimenti viene indicato il primo verso dell'opera.

Death of Darius Codomannus (2 maggio 1834)

Stanzas on the fate of Henry Percy (15 giugno 1834)

The day is closed, that spectral sun (1834)

A National Ode for the Angrians (17 luglio 1834, The sun is on the Calabar)

Saul (7 ottobre 1834, Neath the palms in Elah's valley)

Lament (28 novembre 1834, Lament for the Martyr)

Memory (13 febbraio 1835, When the dead in their cold graves are lying)

Retrospection (19 dicembre 1835, We wove a web in childhood)

Come now, I am alone, the day's wild riot (prima del 19 gennaio 1836)

All is change – the night, the day (prima del 19 gennaio 1836)

Long since, as I remember well (prima del 19 gennaio 1836)

The Wounded Stag (prima del 19 gennaio 1836, Passing amid the deepest shade)

Turn not now for comfort here (1836?)

Reason (19 gennaio 1836, Unloved I love)

But once again, but once again (19 gennaio 1836)

And not alone seems she from pillared halls (circa 1836)

Charge on the enemy (dopo il 9 gennaio 1837)

The Ring (circa 1837, The ring of gold with one small curl)

Mementos (ca. 1837, Arranging in long-locked drawers)

The Harp (ca. 1837, No harp on earth)

The lonely Lady (ca. 1837, She was alone that evening)

It is not at an hour like this (ca. 1837)

My Dreams (ca. 1837, Again I find myself alone)

Dream of the West! The moor was wild (ca. 1837)

When thou sleepest (ca. 1837)

The trees by the casement are moistened with dew (ca. 1837)

He could not sleep! (ca. 1837)

Diving (ca. 1837, Look into thought)
I scarce would let that restless eye (ca. 1837)
A single word so seen at such a time (ca. 1837)
And few have felt the avenging steel (c. 1837)
I never sought my mother's face (ca. 1837)
I thought in my childhood how pleasant would be (ca. 1837)
O that thy own loved son (ca. 1837)
Lady-bird! Lady-bird! Fly away home (ca. 1837)
Well, the day's toils are over with success (ca. 1837)
The teacher's monologue (12 maggio 1837, The room is quiet)
Stanzas (12 maggio 1837, If thou be in a lonely place)
Apostasy (29 maggio 1837, This last denial of my faith)
But, oh, exult not. Hush thy joy (20 maggio 1837)
A woodland dream! A vision dim (ca. 1837)
Sit still – a breath, a word may shake (ca. 1837)
O Never, never leave again (ca. 1837)
Obscure and little seen my way (ca. 1837)
Is this my tomb, this humble stone (4 giugno 1837)
The Pilgrimage (29 giugno 1837, Why should we ever mourn as those)
The Letter (giugno 1837, What is she writing?)
Regret (luglio 1837, Long ago I wished to leave)
Presentiment (11 luglio 1837, Sister, you've sat there all day)
Winter Stores (ca. 1837, We take from life one little share)
Watching and wishing (21 luglio 1837, Oh, would I were the golden light)
Marian (21 luglio 1837)
Stanzas on the Death of a Christian (27 luglio 1837, Calm on the bosom of thy God)
Gods of Mythology (ca. 1837)
A single word – magic spring (17 novembre 1837)
Yet sleep, my lord and know (ca. 1838)
Long, long ago, before thee aight of pain (ca. 1838)

What does she dream of, lingering all alone (ca. 1838)
The voice of Lowood speaks subdued (ca. 1838)
The Death of Lord Hartford (ca. 1838, O let me be alone)
Parting (29 gennaio 1838, There is no use in weeping)
The Town besieged (28 giugno 1838, With moaning sound a stream)
Review at Gazemba (7 luglio 1838, All the summer plains of Angria)
Siesta (7 luglio 1838, 'tis the siesta's languid hour)
Sight no more, it is a dream (ca. 1838)
Fast, fast as snow-flakes, fled the legions (ca. 1838)

BIBLIOGRAFIA

C. Alexander, *Early writings of Charlotte Brontë*, Blackwell Publisher Ltd, Oxford 1983

C. Alexander, *A Bibliography of the Manuscripts of Charlotte Brontë*, The Brontë Society in association with Meckler Publishing, 1982

C. Alexander-M. Smith, *The Oxford Companion to the Brontës*, Oxford University Press, New York 2006

C. Alexander, *Tales of Glass Town, Angria and Gondal, selected writings*, Oxford University Press, New York 2010

C. Alexander-S. Pearson, *Celebrating Charlotte Brontë. Transforming life into literature in Jane Eyre*, The Brontë Society, 2016

R. Barnard-L. Barnard, *A Brontë Encyclopedia*, Wiley Blackwell, Oxford 2013

J. Barker, *The Brontës. Wild genius on the moors: the story of a literary family*, Pegasus Books, New York 2013

J. Barker, *The Brontës: a life in letters*, Little Brown, London 2016

C. Boylan, *Emma Brown*, Abacus, London 2003

C. Bock, *Charlotte Brontë and the storyteller's audience*, University Press of Iowa, 1992, pp. 51-4

A.-E.-C. Brontë, *Poesie*, con uno scritto di Muriel Spark, Mondadori, Milano 2004

C. Brontë, *Jane Eyre*, Giunti, Milano 2007

C. Brontë, *Shirley*, Wordsworth Classics, Ware, 2009

C. Brontë, *Villette*, Fazi Editore, Roma 2013

C. Brontë, *Shirley*, Fazi Editore, Roma 2015

C. Brontë, *Il professore*, Fazi Editore, Roma 2016

C. Brontë, *L'Angelo della tempesta (Villette)*, Mondadori, Milano 2016

C. Brontë, *Emma*, flower-ed, Roma 2016

C. Brontë, *Ashworth*, flower-ed, Roma 2017

P.B. Brontë, *E come un sogno la vita vola. Lettere* 1835-1848, flower-ed, Roma 2017

R. Cagliero (a cura di), *Charlotte Brontë. Da Haworth ad Angria*, Coliseum, Milano 1987

L. Camaiora, *Charlotte Brontë's road to reality. Aspects of the preternatural in Jane Eyre and Villette*, EDUCatt, Milano 2013

C. Cecioni, *La narrativa di Charlotte Brontë*, Valmartina Editore, Firenze 1961

S. Colella, *Romanzo e disciplina. La narrativa di Charlotte Brontë*, Edizioni Scientifiche Italiane, Napoli 1966

A. Dinsdale-S. Warner, *The Brontës at Haworth*, Frances Lincoln Publishers, London 2006

L. Di Michele, *Jane Eyre, ancora*, Liguori, Napoli 2012

R. Fraser, *Charlotte Brontë. A writer life*, Pegasus Books, New York 2008

E. Gaskell, *La vita di Charlotte Brontë*, Castelvecchi, Roma 2015

W. Gérin, *Charlotte Brontë. The evolution of a genius*, Oxford University Press, Oxford 1967

S. Grosoli (a cura di), *Ho tentato tre inizi. Charlotte Brontë, lettere 1847-1853*, L'iguana Editrice, Verona 2015

B. Lanati, *Charlotte, Emily e Anne Brontë. Lettere*, Edizioni SE, Milano 2002

M. Lane, *La storia dei Brontë*, Rizzoli, Milano 1955

A. Law, *Patrick Branwell Brontë*, flower-ed, Roma 2017

G. Lyndall, *Charlotte Brontë. Una vita appassionata*, Fazi Editore, Roma 2016

S. Mai, *La maschera e la visione. Jane Austen, Emily e Charlotte Brontë*, Edizioni Tracce, Pescara 2004

F. Marroni, *Come leggere Jane Eyre*, Solfanelli Editore, Chieti 2013

E. Midorikawa-E.C. Sweeney, *A secret sisterhood. The literary friendship of Jane Austen, Charlotte Brontë, George Eliot and Virginia Woolf*, Houghton Mifflin Harcourt, New York 2017

M. Monahan, *Ashworth: an unfinished novel by Charlotte Brontë*, in Studies in Philology, texts and studies, vol. LXXX, n. 4, University of North Carolina Press, Chapel Hill 1983, pp. 1-133

C. Nelson, *The Brontës: a family writes*, Scala Arts & Heritage Publishers ltd. 2016

E. Passannanti, *I Brontë. Lettere*, Lulu Press, Salisbury 2015

C. Shorter, *The Brontës. Life and letters. Being an attempt to present a full and final record of the lives of the three sisters, Charlotte, Emily and Anne Brontë from the biographies of Mrs Gaskell and others, and from numerous hitherto unpublished manuscripts and letters*, Hodder and Stoughton, London 1908

M. Sinclair, *Le tre Brontë*, Liguori, Napoli 2000

G. Sonnino, *Tre Anime Luminose fra le nebbie nordiche. Le Sorelle Brontë*, flower-ed, Roma 2015

S. Tomaiuolo, *Victorian unfinished novels. The imperfect page*, Palgrave MacMillian 2012, cap. *Emma*

T. J. Wise-J. A. Symington, *The Brontës: their lives, friendships and correspondence*, Oxford Blackwell, 1933

W. M. Thackeray, *Emma. L'ultima bozza*, Cornhill Magazine, aprile 1860

T.S. Wagner, *Charlotte Brontë's Ashworth: from adapted Angrian villains to recurring sibling pairs*, in *Charlotte Brontë from the beginnings. New Essays from juvenilia to the major works*, Ed. Pike &Morrison, London and New York 2017

B. Whitehead, *Charlotte Brontë and her "dearest Nell"*, Smith Settle, Otley 1993

T. Winnifrith, *The Poems of Charlotte Brontë, a new annotated and enlarged edition of the Shakespeare Head Brontë*, Blackwell Pubblisher Ltd, Oxford 1984

T. Winnifrith, *New life of Charlotte Brontë*, Sprunger, London 1988

RICONOSCIMENTI

Sembra che i libri vadano dedicati. Spesso li si scrive per noi stessi, ma alla fine c'è sempre qualcuno che merita di essere ricordato, come una specie di genio tutelare che ci veglia, mentre facciamo quel che più amiamo.

"Scrivi, scrivi!" mi disse Dora mentre piangevo al funerale di sua nonna, una donna piccolina e grandissima. Mantengo quella promessa, a lei Maestra e a sua nipote.

Ma questo libro è dedicato anche a chi per me è stata e sarà sempre una spalla sicura, un'amica per sempre, a chi c'è sempre anche se è lontana, Stefania.

Con stima e amore a entrambe,

Alessandranna

INDICE

INTRODUZIONE   7
I. La perla nascosta nella conchiglia, spesso diffonde
una luce più limpida   9
II. La brughiera   27
III. Dorme il cuore, oltre la prima stella   36
IV. La savia Ellen, l'impetuosa Mary   80
V. Le lettere confessano   122
VI. The Roe Head Journal   138
CONCLUSIONI   177
APPENDICE I   183
APPENDICE II   185
BIBLIOGRAFIA   189
RICONOSCIMENTI   193

Windy Moors

1. Giorgina Sonnino, *Tre Anime Luminose fra le nebbie nordiche. Le Sorelle Brontë*, flower-ed 2015

2. Giorgina Sonnino, *Il pensiero religioso di una poetessa inglese del secolo XIX. Emilia Giovanna Brontë*, flower-ed 2015

3. Lurabel Harlow, *Louisa May Alcott. Un ricordo*, flower-ed 2016

4. Mara Barbuni, *Elizabeth Gaskell e la casa vittoriana*, flower-ed 2016

5. Angelo Crespi, *La poesia di Wordsworth*, flower-ed 2016

6. Mara Barbuni, *Le case di Jane Austen*, flower-ed 2017

7. Lucy Maud Montgomery, *Il sentiero alpino. La storia della mia carriera*, flower-ed 2017

8. Romina Angelici, *Jane Austen. Donna e scrittrice*, flower-ed 2017

9. Patrick Branwell Brontë, *E come un sogno la vita vola. Lettere 1835-1848*, flower-ed 2017

10. Alice Law, *Patrick Branwell Brontë*, flower-ed 2017

11. Carmela Giustiniani, *Chiamatemi Elizabeth. Vita e opere di Elizabeth von Arnim*, flower-ed 2017

12. Carmela Giustiniani, *La mia anima è un giardino. Vita di Frances Hodgson Burnett*, flower-ed 2017

13. Riccardo Mainetti, *Scoprendo Beatrix Potter*, flower-ed 2017

14. Debora Lambruschini, *La New Woman nella letteratura vittoriana*, flower-ed 2017

15. Alessandranna D'Auria, *Charlotte Brontë. Il diario di Roe Head 1831-1838*, flower-ed 2018

flower-ed

Nella radice, per la quale ha vita il fiore

Casa editrice flower-ed
www.flower-ed.it